GENZEIT

Die Industrialisierung von Pflanze, Tier und Mensch

Ermittlungen in der Schweiz

Herausgegeben von Claudia Roth

Mit Beiträgen von Agathe Bieri, Claudia Bislin, Florianne Koechlin, Monika Leuzinger, Mascha Madörin, Ina Praetorius, Bigna Rambert, Claudia Roth und Ruth Wysseier

Limmat Verlag Genossenschaft
Zürich

Umschlagbild von Manù Hophan

ISBN 3 85791 127 1

Inhalt

The higher they are,
the harder they fall.
Australischer Volksmund

Das erste Retortenkind der Welt, ein Mädchen, wird 1988 zehnjährig. Derweil hören wir von gentechnisch hergestellten Medikamenten gegen AIDS und Krebs, von geklonten Fröschen und Mäusen, von Leistungsförderern für Nutztiere, von Pflanzen, die in Salzwüsten grünen, von manipulierten Bakterien, die ausgelaufenes Öl beseitigen und dem Plastikmüll zu Leibe rücken.

Spektakulär aufbereitete Bruchstücke der Gen- und Fortpflanzungstechniken werden in den Medien täglich serviert: Gerade so viel, dass die wenigsten verstehen können, was sich da eigentlich tut. Diskussionen darüber, wie sich sogenannte Missbräuche verhindern liessen, und Fragen danach, wo die Grenzen bei diesen Techniken zu setzen seien, versperren den Blick aufs Wesentliche. Unterdessen wird in Laboratorien, an Universitäten und in der Industrie seit Jahren an der Entwicklung anwendbarer Gentechnik gearbeitet – unspektakulär, aber zielstrebig. «Ich bin froh, in der Schweiz arbeiten zu können; hier werden die genetischen Grundlagen genau studiert, bevor man sich an Manipulationen heranwagt, während in den USA ein Wissenschaftler Genmanipulationen vorzeigen können muss, um sich in der Zunft einen Namen zu machen», sagt ein aus Übersee zurückgekehrter Molekularbiologe; helvetisch bieder und bescheiden präsentieren sich die Fachleute, die wir aufsuchten: Die Exzesse passieren anderswo! – während die Schweizer Industrie, deren Auftraggeber, mit eben diesen Techniken die Welt verändert.

Obwohl nur mit Fragmenten dieser neuen technischen Entwicklung konfrontiert, befremdet uns deren Möglichkeit, in das Lebendige selbst eingreifen zu können. Immer mehr Menschen sind beunruhigt und fragen sich, wohin uns das alles führen soll.

Während der ersten industriellen Revolution, zur Zeit, als die Gesellschaftsform entstand, in der wir heute leben, waren die eingeführten Produktionsmaschinen den arbeitenden Menschen auch fremd. Damals sind die Weberinnen und Weber gegen die neuen Webstühle Sturm gelaufen, haben sie angezündet. Und zwar jene mit mehr als 24 Spindeln: die für die Fabriken bestimmten Webstühle! Jene, durch die es den Unternehmern möglich wurde, die dezentrale handwerkliche Produktion zu zerstören und die Menschen in die Fabriken zu zwingen. Dagegen wehrten sich die Weberinnen und Weber: dass ihr Einkommen gesenkt, dass ihr Leben in Arbeitszeit und Lebenszeit zerstückelt, dass sie diszipliniert, ihr Wissen degradiert werden soll. Sie liefen Sturm, weil sie begriffen hatten, dass die bedrohlichen sozio-ökonomischen Verhältnisse über die neuen Webstühle durchgesetzt werden.

Erst Mitte des letzten Jahrhunderts wich der Kampf *gegen* die Maschinen dem Kampf *um* die Maschinen: Das Fabriksystem selbst schien unausweichlich – auch für eine sozialistische Gesellschaft –, und der technische Fortschritt versprach Arbeitserleichterungen und mehr freie Zeit. Von einem guten Teil der Linken wurde und wird der Maschinensturm gerne als die «Kinderkrankheit» der Arbeiterbewegung gesehen, als eine erste wilde Auflehnung gegen den damals noch fremdartigen technischen Fortschritt. Ihre wichtigste Frage ist nicht: Welche Techniken werden entwickelt? Sondern: In welchen Händen befinden sie sich?

Spätestens die Anwendung der Gen- und Fortpflanzungstechnologien zeigt den Irrtum dieses Fortschrittsglaubens: Das Arbeitsmaterial der Techniker ist hier das Lebendige – deshalb werden deren Eingriffe vor keinem Ort haltmachen, wo Leben ist. Sie werden die Ausbeutung verschärfen und unsere sozialen Lebenszusammenhänge in einem Mass auflösen und also kontrollierbar machen, wie es noch mit keiner vorherigen Technik möglich war. Mit diesen Eingriffen können *biologisch verankerte* Abhängigkeiten geschaffen, die ganze Nahrungsmittelkette, und damit die Menschen selbst, lückenlos kontrolliert werden; und niemand weiss, wie sich die manipulierte Natur ökologisch auswirken wird; denn neue Pflanzen, neue Tiere, neue Krankheiten werden konstruiert.

Wie andere Techniken haben auch diese nur innerhalb einer hierarchischen Gesellschaft entwickelt werden können; sie setzen Machtmonopole und in einigen wenigen Händen konzentriertes Kapital voraus. Demokratisieren lassen sie sich nicht!

Mit neuen Techniken wird um neue Märkte gekämpft, neues Territorium erobert – in diesem Fall das Lebendige. Erobertes Territorium lässt sich nur halten, indem es besetzt wird, beherrscht mit Hilfe der Techniken selbst. Detlef Hartmann beschreibt diese alles durchdringende technische Herrschaft: «Unser Alltag scheint zu einer gigantischen Maschine aus lebendigem Fleisch verdichtet. Jeden Tag durchlaufen wir viele ihrer Apparaturen: Einkaufszentren, Fussgängerzonen, Fabriken, Bürokratien, Verkehrssysteme, Schulen, Krankenhäuser usw. So unterschiedlich ihre Zwecke sind, ihr Aufbau ist immer identisch. Er vollstreckt die primitive Logik der Maschine.

Menschen sind keine solchen Maschinen. Die ‹Logik› ihrer Sprache, Spiele, Gefühle birgt einen Reichtum, dessen Niveau für das armselige Gerippe der Alltagsmaschine unerreichbar ist. Aber all dieser Reichtum, der ihr Menschsein ausmacht, ist vom Standpunkt der Maschine wertlos, unwertes Leben. Im günstigsten Fall nur ist er eine unbeachtliche Nebensache, regelmässig aber eine Störung, die es zu kontrollieren oder gar unerbittlich zu beseitigen gilt. Leben ist zur Sabotage geworden, schon weil es Leben ist.»

Mit der kapitalistisch organisierten Arbeit hat dieser Prozess begonnen, heute durchdringt die technisch bedingte Kontrolle unseren ganzen Alltag. Über den für die damaligen Weberinnen und Weber neuen Zeitbegriff verlieren wir keinen Gedanken mehr: Dass man pünktlich sein muss, dass es Arbeitszeit, Feierabend und Ferienzeit gibt, daran haben wir uns gewöhnt, an diese zerstückelte Lebenszeit, die nicht von uns, und nicht von Tag und Nacht und Jahreszeiten, sondern durch die Produktion bestimmt ist. Die fortlaufende Entqualifizierung der Arbeit nehmen wir hin.

Und die Entwertung des Lebendigen selbst?

Die Entwicklung dieser Techniken ist schleichend, sie fügt sich unauffällig in das Herkömmliche ein. Es hat sich eingebürgert, von den «Chancen und Risiken» der Gen- und Fortpflanzungstechnologie zu reden: *Einzelne* Elemente dieser Technologie werden begutachtet.

Wir reden von dieser Technologie als *dem zentralen* Element einer erschreckend alltäglichen Entwicklung.

Claudia Roth

Die einzelnen Kapitel dieses Buches entstanden nicht isoliert voneinander; während eines halben Jahres trafen wir uns wöchentlich, erarbeiteten gemeinsam Fragestellungen, diskutierten Meinungsverschiedenheiten und gewichteten die recherchierten Fakten. Unsere Arbeit glich einer Spurensicherung: Erst zaghaft beginnt sich die helvetische Bevölkerung mit der Bedeutung der Gen- und Fortpflanzungstechniken auseinanderzusetzen, weshalb zum heutigen Zeitpunkt noch wenig Geschriebenes zur Situation in der Schweiz zu finden ist.

So suchten wir Fachleute auf, um mehr darüber zu hören. Es war nicht leicht, uns im Durcheinander von dem, was einer meint und dann macht, aber es nicht so gemeint hat, wie es dann wirkt, und es trotzdem weiterhin tut . . . zurechtzufinden. Etwas zu beschreiben, das im Entstehen ist und sich erst in wenigen Bereichen offen manifestiert, ist nicht einfach, zumal in der Schweiz, wo man nicht gerne aufschneidet: Da erzählt einer lieber zu wenig als zu viel.

Wir sind der weitreichenden, in diesem Ausmass bisher unbekannten Form von Abhängigkeit nachgegangen, die über die Gen- und Fortpflanzungstechniken geschaffen wird – und dabei immer wieder auf die stetige Entwicklung zur GEN-ZEIT hin gestossen. Heute noch sind es in erster Linie die schwangeren Frauen, die gezwungen sind, sich mit dieser neuen Alltäglichkeit auseinanderzusetzen. Wir danken den zehn Frauen, die bereit waren, darüber zu sprechen – Gespräche, dank denen wir besser verstehen, mit welchen sich widerstreitenden Gefühlen eine schwangere Frau in der neuen Entscheidungssituation zu ringen hat und was notwendig ist, um sich kollektiv wehren zu können.

Lotta Suter und der Lektoratsgruppe des Limmat Verlages danken wir ganz herzlich für ihre konzentrierte Arbeit bei der Endredaktion; ihre engagiert geübte Kritik an den Texten war für uns wertvoll. Ebenso schätzten wir die Unterstützung all jener, die dazu beigetragen haben, dass dieses Buch entstehen konnte, aber im Text nicht erwähnt sind: Jolanda Cerutti, Thomas Fischer, Kathy Helwing, Jan Morgenthaler, Daniel Oertle, Beat de Roche, Marina Schindler, Christine Schuppli, Alex Schwank, Ursula Vock, sowie die finanziellen Beiträge des Psychoanalytischen Seminars Zürich, der Vereinigung unabhängiger Ärzte Zürich und die Kollekte des Frauengottesdienstes im Fraumünster Zürich.

im Juli 1987 — Die Autorinnen

MASCHA MADÖRIN

Der Kampf um neue Märkte

Heute entsprechen die Jahresumsätze der gentechnisch hergestellten Produkte ein paar Tagesumsätzen von Konzernen wie General Motors. Trotzdem werden Milliarden in die gentechnische Forschung gesteckt. Regierungen und Wirtschaftsvertreter diskutieren, wie der Anschluss ihrer Länder und Industrien an die bio- und gentechnische Revolution zu organisieren sei. Die Börsenkurse, welche Erwartungen in Bezug auf kommende Geschäfte ausdrücken, schwanken für Gentechnikfirmen zwischen Höhenflügen und Tiefstwerten; Marktprognosen unterscheiden sich um Hunderte von Prozenten.

Seit Wochen versuche ich, eine Vorstellung zu entwickeln, was auf dem Bio- und Gentechnikmarkt läuft und stosse dabei auf eine Flut widersprüchlicher und verwirrender Informationen, die ich schwer einordnen kann. Beim Versuch, eine Übersicht über die wirtschaftliche Grössenordnung und vor allem über die Entwicklungstendenzen angewandter Techniken zu gewinnen, ergeben sich folgende Schwierigkeiten:

1. Moderne Biotechnik und damit Gentechnik greift in die unterschiedlichsten Bereiche ein: Chemikalienherstellung und Rohstoffversorgung, Nahrungsmittelherstellung, Pflanzen- und Tierproduktion, Entsorgung (Luft, Wasser, Abfälle), Human- und Tiermedizin, Humangenetik und Reproduktionstechniken. Welches neben den Bereichen, die sich mit Mikroorganismen*, Zellkulturen*, Chemie und Verfahrens-

* Fachausdrücke, die sich nicht aus dem Zusammenhang der Texte erklären, sind beim erstmaligen Gebrauch mit einem * gekennzeichnet und sind im Glossar am Ende des Bandes erklärt.

techniken* befassen, die Rolle der spezifisch gentechnischen Forschung ist, geht aus den verfügbaren Informationen oft nicht hervor.

2. Die Gentechniken stehen erst am Anfang der industriellen Verwertung, weshalb die wirtschaftlichen Entwicklungstendenzen nur andeutungsweise zu erkennen sind. Jedes Anwendungsgebiet müsste für sich untersucht werden.

in Bereichn wie Entsorgung, Fortpflanzungstechnik und Medizin spielt der Staat eine wichtige Rolle, wodurch neben den Marktkräften noch andere Momente mitspielen. Die Komplexität und Unübersichtlichkeit schlägt sich in einer Flut von Publikationen nieder.

3. Für Nichtbeteiligte sind detaillierte Informationen über Forschungsvorhaben kaum zugänglich, da sie aus Konkurrenzgründen geheimgehalten werden. Der Bericht der bundesdeutschen Enquête-Kommission, die zuhanden des Bundestages nach einer mehr als zweijährigen Arbeit eine detaillierte Stellungnahme zu den «Chancen und Risiken der Gentechnologie» erarbeitete, umfasst zwar 350 kleinstgedruckte Seiten, doch es sind darin auffallend wenige Wirtschaftsdaten und präzise Informationen über konkrete Forschungsvorhaben zu finden. In der Schweiz werden von der Interdisziplinären Schweizerischen Kommission für Biologische Sicherheit in Forschung und Technik (SKBS) jeweils die *Anzahl* der mit genetischen Neukombinationen verbundenen Projekte bekanntgegeben, ebenso die Anzahl der Forscher und Techniker sowie die Orte, wo geforscht wird. *Was* genau erforscht wird, und *wer* an welchem Projekt arbeitet, darüber werden keine Einzelheiten veröffentlicht. Informationen lauten z. B. so: Es gibt 9 Forschungsprojekte zu Genen, welche Zellen krankmachend verändern. Oder: Es gibt 38 Projekte der zweithöchsten Sicherheitsstufe. Im besten Fall sagen solche Informationen den Spezialisten etwas, doch für die Öffentlichkeit formuliert sind sie nicht. Der Bundesrat hat im Sommer 1987 auf Anfrage von Nationalrätin Anita Fetz (POCH) die Veröffentlichung detaillierter Informationen versprochen.

Biotechnologie: Was den Joghurt von der Riesenmaus unterscheidet

Biotechniken sind nichts Neues – ganz im Gegenteil: Italienische Salami, französischer Weichkäse, bulgarischer Joghurt und Schweizer Schwarzbrot werden seit jeher biotechnisch hergestellt.

Biotechnik heisst: Lebende Organismen werden zur Produktion bestimmter Stoffe beigezogen. Bei den herkömmlichen, jahrtausendealten biotechnischen Verfahren lässt man lebende Mikroben für sich arbeiten. Um beispielsweise Joghurt herzustellen, wird Milch mit bestimmten Milchsäurebakterien geimpft; diese bewirken die Umwandlung von Milch zu Joghurt.

Grundsätzlich neu innerhalb der Biotechniken sind die in den letzten Jahrzehnten entwickelten Methoden, mit denen immer tiefer in den Prozess des Lebens selbst eingegriffen werden kann. Teile von Lebewesen, einzelne Zellen oder Teile von ihnen werden isoliert und Experimenten unterzogen. Bereiche dieser «harten» Biotechniken müssen genau so kritisch hinterfragt werden wie die Gentechnik.

Die *Gentechnik* ist der jüngste Zweig der Biotechniken. Sie befasst sich mit dem in jeder Zelle vorhandenen Erbmaterial. Heute können einzelne Gene lokalisiert, identifiziert, zerschnitten und verpflanzt werden. Durch den Austausch fremder Genstücke entstehen Lebewesen mit neuen Eigenschaften. Dies ist möglich, weil die Gene aller Lebewesen, ob von Mensch, Tier, Bakterium oder Pflanze, aus der gleichen chemischen Substanz bestehen, aus der Desoxyribo-Nuclein-Säure (DNS). Die DNS, die den gesamten genetischen Code eines Lebewesens trägt, ist verblüffend einfach zusammengesetzt. Die grenzensprengende Dimension dieser neuen Wissenschaft liegt darin, dass es mit gentechnischen Methoden möglich wird, ein menschliches Gen in ein Bakterium oder ein Rattengen in eine Maus einzuschleusen: Die Bakterien produzieren dann menschliche Eiweisse, und die Mäuse wachsen zu Riesenmäusen heran, weil ihre Zellen die Sprache des Rattenwachstumgens verstehen können. Damit sind die von der Natur gebildeten Artengrenzen, ausserhalb derer sich Lebewesen nicht vermehren können, nicht mehr gültig. Die Schranken, welche in Millionen Jahren der Evolution zwischen den Arten aufgebaut worden sind, werden durchbrochen. Das Science-fiction-Bild vom Genforscher, der sich seine Pflanze auf dem Reissbrett konstruiert, indem er von diversen Pflanzen die gewünschten Gene zusammenmixt, rückt näher. «Tiere und Pflanzen werden zum Baukastensystem, in welchem die Gene nach den Bedürfnissen der Produktion beliebig zusammengesetzt und angeschaltet werden können», stellen Die Grünen gegenüber der bundesdeutschen Enquête-Kommission fest.

Vorstellungen zur industriellen Nutzung der Gentechnologie/Biotechnologie
(aus: TU-Wissenschaftsmagazin, 7, 1984)

Chemie

(Produkte, Verfahren, Umweltschutz)

Produkte:

Nahrungsmittel (Brot, Bier, Wein, Käse, Tabak)
Biomasseabbau zu Grundchemikalien und Zwischenprodukten
Biokonversion (Katalyse mit Enzymen, Mikroorganismen)
optisch aktive Zwischenprodukte
Bioethanol, -butanol, -isopropanol
Essigsäure
Aceton
Zitronensäure
Einzellerprotein
Nucleinsäuren
Glucose
Fructose
Ologosaccharide
Enzyme – Armylase
– Invertase
– Rennet
Biopolymere
Biotenside
Rohstoffgewinnung – mineral leaching
– tert. Erdölförderung
Entsorgung – Abwassermikrobiologie
– Biofilter
– Bio-Dekontamination
«Biochips» (hochintegrierte biologische Schaltkreise)

Pflanze

(Pflanzenzüchtung)

Produkte:

neuartige chemische und biologische Pflanzenschutzmittel:
– Herbizide
– Insektizide
– Fungizide
Wachstumsregulatoren

«Biologie»

Saatzucht und Pflanzenzüchtung, verbesserte Pflanzen mit Resistenz gegen:
– Schadorganismen
– Krankheiten
– Herbizide
– Dürre
– Salz
Ertragssteigerung bei Pflanzeninhaltsstoffen:
– Stärke
– Zucker
– Fettsäuren
– Wirkstoffe
Hybridpflanzen («Tomoffel»)
Stickstoff-Fixierung
Photosynthese

Tier	*Mensch*
(Tierzucht, Tiermedizin)	(Medizin)

Tier

(Tierzucht, Tiermedizin)

Produkte:

Impfstoffe gegen:
- Maul- und Klauenseuche
- Diarrhoe

Wachstumshormone für:
- Rind
- Schwein
- Huhn

Futterzusatzstoffe

«Biologie»

Tierzucht – bessere Nutztiere:
- Fleischproduktion
- Milchausbeute
- Geschlechtswahl
- Krankheitsresistenz
- Schnelleres Wachstum

durch:
- Künstl. Insemination
- In-vitro-Fertilisation
- Superovulation
- Sexbestimmung
- Hybridtiere
- In-vitro-Genmanipulation von Embryos
- Mehrfachgeburten durch Embryoteilung
- Tiere mit mehreren Eltern
- Cloning (Ein-Eltern-Tiere)
- Gentransfer

Mensch

(Medizin)

Produkte:

Antibiotika

Hormone
- Insulin
- Wachstumshormon
- Calcitonin

Immunologische Produkte

Impfstoffe:
- Hepatitis
- Malaria
- Tollwut
- Herpes

Interferone

Thymosin Alpha I

Monoklonale Antikörper (Diagnose, Therapie)

Plasma-Produkte:
- Serum Albumin
- Faktor VIII
- Plaminogen Aktivator
- Urokinase
- weitere therap. Produkte

«Biologie»

«genetic screening»

Gentherapie

In-vitro-Fertilisation

Entwicklungen in der Tierzucht sind grundsätzlich auch auf den Menschen übertragbar. Einige der angesprochenen Methoden wie künstliche Insemination, In-vitro-Fertilisation, Superovulation oder Sexbestimmung werden heute schon beim Menschen angewandt. Die In-vitro-Genmanipulation und der Gentransfer befinden sich im Versuchsstadium.

Schätzungen und Grössenordnungen

Weltweiter Umsatz der Biotechniken

1980	2 Mrd. $	
1983	6	(davon die Hälfte in den USA)
1990	13–27	
2000	50–100	

Andere Schätzungen:

- Einige schätzen euphorisch, dass bis ins Jahr 2010 etwa 70% des Bruttoinlandproduktes der USA mit Biotechniken im Zusammenhang stehen wird.
- Die Vorhersagen für das Jahr 2000 für im Bioreaktor* hergestellte Produkte weltweit schwanken von 25–200 Mrd. $.
- Die Zeitschrift Biotechnology News schätzt den Weltmarkt allein für gentechnische Produkte auf: 1985 3,8 Mrd. $, 1990 35 Mrd. $; 2000 145 Mrd. $.

Erwarteter Umsatz der Biotechniken nach Sektoren

1990		*2000*	
Energie (Biotreibstoffe)	9,5 Mrd. $	Energiegewinnung	16,3 Mrd. $
Landwirtschaft	5,7	Agro/Saatgut	8,6
Nahrungsmittel	3,7	Nahrungsmittel	12,6
Gesundheit/Medizin	2,8	Pharma/Diagnostika	9,1
Chemikalien	2,5	Chemikalien	10,6
Übrige	0,3	Umweltschutz/ Kläranlagen	7,8
	27 Mrd. $		65 Mrd. $

Schätzung T. A. Sheet, zit. in: The International Investor, hrsg. von Bank Julius Bär, Sept. 85

Schätzung aus Sandoz Bulletin, Jan. 85

Erwarteter Umsatz für Verfahrenstechniken

Weltmarkt-Prognosen für Biotechnologie-Umsätze mit Chemikalien, Apparaten sowie Mess- und Regelgeräten bis 1995 (in Million US-Dollar):

	1983	1990	1995
Chemikalien	640	1325	2193
Labor	170	413	722
Fermentation	470	912	1471
Apparate u. Instrumente	748	1990	3002

Quelle: Business Communication Co. Inc.

Die Grössenordnungen im Vergleich:
Der Gesamtumsatz der Ciba-Geigy hat 1986 16 Mrd. Fr. betragen; jener der Sandoz 8,4 Mrd., jener der Hoffmann-La Roche 7,8 Mrd. Fr.

4. In der Schweiz zu recherchieren ist schwierig, weil hiesige Unternehmen im Vergleich zu anderen Ländern ihre Vorhaben nur sehr beschränkt publizieren müssen. Nach schweizerischem Recht ist das Informationsmonopol der Unternehmen radikal geschützt: Wirtschaftsspionage wird sehr weitläufig definiert und – ähnlich dem Landesverrat – hart bestraft. Es liegen nur wenige systematische Untersuchungen zum Wirtschaftsbereich vor.

Die gesammelten Informationen veranlassen mich zu folgenden Feststellungen:
– Bio- und gentechnische Forschung setzt riesige finanzielle Aufwendungen und ein komplexes Zusammenspiel verschiedenster Forschungsbereiche der Privatwirtschaft und der Universitäten sowie die Schaffung neuer Forschungszentren voraus.
– Seit Beginn der achtziger Jahre sind immer mehr Grosskonzerne in die Gentechnik und deren Grundlagen- und Anwendungsforschung eingestiegen.
– Eine wirtschaftlich profitable Anwendung der Gen- und Biotechniken wird im wesentlichen erst gegen Ende des Jahrhunderts erwartet. Vorläufig sind die Forschungsaufwendungen im Verhältnis zu den Umsätzen sehr gross.
– Ähnlich wie die Atomtechnik in den fünfziger und sechziger Jahren werden die Bio- und Gentechnologie als Wissenschaften der Zukunft angepriesen. Nur wenige Naturwissenschaftler warnen vor den unabsehbaren gesellschaftlichen und ökologischen Folgen.

Die Entwicklung dieser Techniken, so überlege ich mir, kostet wie die Nukleartechnologie Milliarden. Anders jedoch als bei den atomaren Forschungsprogrammen, bei denen der Rüstungswettlauf und der Kalte Krieg die Haupttriebkräfte für die riesigen staatlichen Aufwendungen gewesen sind, scheint die gentechnische Forschung mehr auf die zivile Industrie ausgerichtet und zu einem grösseren Teil privat finanziert zu sein. Ihre Entwicklung dürfte daher wesentlich von den beteiligten Konzernen bestimmt werden.

Die Logik der Konkurrenz

Da der Forschungsaufwand gross, die industrielle Verwertung jedoch vorläufig klein ist, spielen neben unmittelbaren Vermarktungsinteressen *Erwartungen* eine grosse Rolle. Und diese werden produziert: von den Naturwissenschaftlern, von Ökonomen, Futurologen, Wirtschafts- und Wissenschaftsjournalisten und von den Konzernen selbst.

Der *Wissenschaftsbetrieb* ist stark hierarchisiert und baut auf persönliche Leistung, Erfolg und Prestige: «Entscheidend in der Wissenschaft ist, etwas als erster zu entdecken; etwas als zweiter zu entdecken ist ziemlich irrelevant. Eine weltweit unter Wissenschaftlern gültige Vereinbarung besagt, dass derjenige, der als erster publiziert, als der erste und oft als eigentlicher Entdecker anerkannt wird, so dass auf einem sich rasch wandelnden Gebiet sehr viel von einer schnellstmöglichen Veröffentlichung abhängt.» (Spencer R. Weart, Wissenschaftshistoriker)

Es ist nicht die pure Neugierde von Naturwissenschaftlern, welche die Entwicklung der Bio- und Gentechnik vorantreibt, denn diese setzt hochtechnologisch eingerichtete, teure Labors voraus. Die Forscher oder Forscherteams brauchen möglichst schnell viel und möglichst langfristig Geld. Sie müssen sich selbst und ihre zukünftige Arbeit verkaufen, Investitionen mit blendenden Zukunftsaussichten rechtfertigen und – falls sie das Geld bekommen – auch verwendbare Resultate liefern, also solche, die sich wirtschaftlich ummünzen lassen. Gentechnologie wird denn auch enthusiastisch und werbewirksam als achter Schöpfungstag angepriesen: als die Wissenschaft, welche Umweltprobleme lösen, den Hunger in der Dritten Welt beseitigen, das Altern hinausschieben, tödliche Krankheiten wie AIDS und Krebs erfolgreich bekämpfen wird.

In den europäischen Staaten und in der kleinen Schweiz wird zudem mit der Befürchtung operiert, den Entwicklungsanschluss an die USA und an Japan zu verpassen. Den Grosskonzernen wird mangelnde Dynamik und fehlende Risikobereitschaft vorgeworfen. In einem Bilanz-Artikel war zu lesen, dass von Erfolgen der Ciba-Geigy im Bereich Gentechnik wenig zu hören sei, Hoffmann-La Roche habe da mehr vorzuweisen, worauf leitende Forscher der Ciba-Geigy argumentierten, ihr Konzern sei eben diskreter und nicht so public-relation-orientiert. Die Ciba-Geigy hat kurz darauf, anlässlich der Aktionärsversammlung 1987, Pressecommuniqués zu ihrer erfolgversprechenden AIDS-Forschung publiziert.

Auch für Konzerne und Länder sind Konkurrenz und Prestige wesentliche Faktoren ihrer Forschungspolitik. Investitionen in langfristige Projekte sind wesentlich vom *Mithaltenmüssen* bestimmt. Die Konkurrenz um Märkte ist heutzutage in allen Wirtschaftsbereichen gross, weshalb es gilt, durch technische Vorsprünge kurz- *und* langfristig Marktanteile und neue Märkte zu sichern. Wenn die Konzerne einmal investiert haben, sind sie gezwungen, die Investitionen in rentable Geschäfte umzuwandeln. Je grösser der Forschungsaufwand, desto grösser werden die *Sachzwänge*, eine einmal eingeschlagene Forschungsrichtung weiterzuverfolgen und deren Resultate industriell zu verwerten – unabhängig von den Konsequenzen.

Die Entwicklung der finanziell aufwendigen Biotechnik ist daher geprägt von den wirtschaftlichen Überlebensstrategien der Grosskonzerne und Nationen sowie vom Sachzwang, teure Forschung zu verwerten – und zwar so rasch wie möglich, was wiederum die Forschungsrichtung und die Konkurrenz zwischen den Wissenschaftlern bestimmt.

Mit diesen Thesen im Hinterkopf schaue ich die mir bekannten Fakten nochmals an.

Die Schweiz als Hinterland [1]

Es ist offensichtlich, dass die grossen Konzerne, zusammen mit staatlichen Forschungszentren, die weitere Entwicklung

[1] Detaillierte Angaben zu im Bereich der Bio- und Gentechnik tätigen Institutionen und Firmen der Schweiz befinden sich im Anhang S. 183.

der Gentechnik bestimmen werden. Kleine, von einzelnen Wissenschaftlern gegründete Gentech-Forschungsfirmen entstanden zwar vor allem in den USA Ende der siebziger und anfangs der achtziger Jahre; die Forscher verkaufen ihre Ergebnisse und finanzieren sich über sogenanntes Risikokapital, das in den USA steuertechnisch bevorzugt ist. Zunehmend jedoch geraten die kleinen Firmen in wirtschaftliche Schwierigkeiten und werden von Grosskonzernen aufgekauft, da es beträchtliche finanzielle Reserven voraussetzt, die Forschungsresultate industriell umzusetzen und zu vermarkten. So kann der Bau einer einzigen Pilotanlage, mit der die Rentabilität eines biotechnischen Verfahrens getestet wird, weit über 100 Millionen Franken kosten. Hinzu kommt, dass die langjährige Erfahrung mit der Vermarktung von Produkten – also ein schon vorhandenes Verkaufsnetz, gute Verhandlungspositionen in Patentstreitigkeiten usw. – den multinationalen Konzernen gegenüber den kleinen Firmen einen gewaltigen Vorsprung verschafft.

Die einzige Gentech-Forschungsfirma der Schweiz, die *Biogen* in Genf, ist an das britische Pharmaunternehmen Glaxo verkauft worden. Die bisher schweizerisch-US-amerikanische Biogen gehört zu den grössten und, was die Forschungsresultate anbelangt, erfolgreichsten Firmen dieser Art; trotzdem arbeitet sie zunehmend mit Verlusten.

Die angewendete Gentechnik erschliesst auch kleinere Firmen oder Einzelpersonen neue Geschäfte, vorwiegend im Bereich der Bioverfahrenstechnik. In der Schweiz gibt es neben Sulzer etwa fünfzig kleine hochspezialisierte Firmen, doch solche Kleinbetriebe bestimmen nicht die Entwicklungsdynamik. Generell wird eine weitere Wirtschaftskonzentration erwartet.

Wegweisend in Bio- und Gentechnik sind unter den westlichen Industrieländern die USA, gefolgt von Japan, der BRD, England und Frankreich. Die drei Schweizer Chemiekonzerne *Ciba-Geigy, Hoffman-La Roche* und *Sandoz* zählen zu den führenden Multinationalen in Pharma- und Agro-Bereich; *Nestlé* liegt im Sektor Nahrungsmittelforschung ebenfalls vorne. In einem Bericht zuhanden des US-Kongresses über den internationalen Stand der biotechnischen Forschung von 1984 wird der Schweizer Industrie bescheinigt, sie habe den Anschluss in einigen Bereichen geschafft. Zudem wird ihre Stärke hinsichtlich internationaler Handelsbeziehungen und ihre Erfahrung bei der Kommerzialisierung von Pharmaprodukten hervorgehoben. Die Universitäten Basel, Genf, Zürich und die ETH Zürich werden als ausgezeichnete Forschungszentren bezeichnet.

In der Schweiz wird pro Kopf der Bevölkerung und verglichen mit dem Bruttosozialprodukt sehr viel für Forschung und Entwicklung ausgegeben. Doch der Staat finanziert gesamthaft gesehen nur ein Viertel – vorwiegend Grundlagenforschung –; drei Viertel des Geldes investiert die Privatindustrie, im Gegensatz etwa zu den USA, wo der Staat zur Hälfte an der biotechnischen Forschung beteiligt ist. Von ausländischen Autoren wird betont, dass die Bio- und Gentechnik Aufwendungen und eine Koordination erfordern, welche die Kapazitäten selbst grosser Konzerne überschreiten. Eine entsprechende staatliche «Schützenhilfe» für die in diesem Bereich operierenden Unternehmen kann sich die kleine Schweiz kaum leisten. Auch die Tendenz, interdisziplinäre High-Tech-Forschungszentren zu schaffen, wie etwa das Silicon Valley in den USA, wird sich in der Schweiz nur sehr beschränkt durchzusetzen vermögen.

Ein Blick auf die internationalen Verhältnisse zeigt klare Grössenordnungen: In den USA werden pro Jahr im Durchschnitt 520 Millionen Dollar staatliche Forschungsgelder für die bio- und gentechnische Entwicklung ausgegeben, in Europa insgesamt sind es 550 Millionen, in Japan 55 Millionen – in der Schweiz etwa 5 Millionen Dollar. In der BRD arbeiten etwa 1250 Wissenschaftler mit gentechnischen Methoden, in Japan 2500 und in den USA 12000. In der Schweiz ist offiziell eine Zahl von 300 Wissenschaftlern und technischen Mitarbeitern bekannt, die in 61 Forschungsvorhaben (1985) mitarbeiten. Selbst wenn die Zahlen für die BRD, Japan und die USA zu gross sind, weil sie auch biotechnische Forschungsvorhaben ohne

Gentechnik beinhalten, verdeutlichen sie doch, dass die Schweizer Konzerne sich auf andere Forschungsressourcen als die nationalen stützen müssen.

Es ist kein Zufall, dass in der BRD – und nicht etwa in der Schweiz – eine Parlamentskommission den umfangreichen, didaktisch gut gemachten Enquête-Bericht zuhanden des Bundestages erarbeitet hat, denn in der BRD werden von seiten des Staates grosse Bio- und Gentechforschungsprogramme finanziert, weshalb er auf eine minimale öffentliche Akzeptanz angewiesen ist. Da der Wirkungsbereich der Schweizer Konzerne vorwiegend ausserhalb des Stammhauslandes liegt und der Bund sich vergleichsweise knapp beteiligt, kann bei uns die technische Entwicklung unter Ausschluss der Öffentlichkeit stattfinden. In der Schweiz muss niemand überzeugt werden, es sei denn von den neuen Fortpflanzungstechniken. Für die auf die internationale Marktentwicklung ausgerichteten Schweizer Konzerne ist die Schweiz ein dienstleistungswilliges, beifallklatschendes Hinterland; keine öffentliche Diskussion «daheim» behelligt sie in ihrer Technologiepolitik.

Der geringe Anteil staatlicher Forschung in der Schweiz hat einerseits zur Folge, dass die Fachkapazitäten *irgendwo* eingekauft werden; Ciba-Geigy spricht vom Trend der «Internationalisierung der Forschung». Vor allem aber bedeutet es, dass nur wenige Wissenschaftler *nicht* in die Konzernforschung eingebunden sind. Kaum einer unter ihnen kann es sich also leisten, die Entwicklung kritisch zu beurteilen. Die Schweiz ist für die multinationalen Gesellschaften auch als potentieller Markt nicht entscheidend: Ciba-Geigy realisierte 1985 1,6 Prozent ihres Gesamtumsatzes in der Schweiz, 37 im übrigen Europa, 35 in Nordamerika, 10 in Lateinamerika und 11 in Asien.

Wie schaffen es die drei Basler Chemiekonzerne, unter solchen Bedingungen vorne mit dabei zu sein? Ihre Forschungsaufwendungen für Biotechnologie, die etwa bei zehn Prozent ihrer gesamten Forschungskosten und bei einem Prozent ihres Umsatzes liegen dürften, scheinen dem internationalen Durchschnitt zu entsprechen. Zwar haben sie ihre gentechnische Grundlagenforschung vorangetrieben, doch die dadurch gewonnenen Erkenntnisse erst relativ spät umgesetzt. Jürg F. Geigy, Ex-Finanzchef der Ciba-Geigy, benennt den daraus entstandenen Vorteil: Die drei Basler Konzerne können sich heute «die Rosinen aus dem Kuchen der neu entstandenen Gentech-Firmen herauspicken». Picken heisst kaufen und Rosinen sind Wissenschaftler, ganze Firmen und Beteiligungen an staatlichen und privaten Forschungsprojekten.

Wie Forschungskosten zu Gewinn werden

Was sich – ohne je öffentlich diskutiert zu werden – im Bereich der Gentechnologie und ihrer Anwendung heute konkret abspielt, habe ich im Pharmasektor anhand einiger neu entwickelter Produkte wie AIDS-Mittel*, Wachstumshormone sowie Interferone* und Interleukine (Krebsmittel) herauszufinden versucht.

Der Konkurrenzkampf unter Firmen und Wissenschaftlern, der Kleinkrieg um Patente und Lizenzen für neue Herstellungsverfahren oder neue Produkte ist stark. Und das hat seine Gründe: Nach Angaben von Jürgen Drews, der seit 1985 die Pharmaforschung der Hoffmann-La Roche leitet, ist die Pharmaforschung wegen der langen Entwicklungs- und Testzeiten und somit der hohen Entwicklungskosten ein bald unrentables Geschäft.

In der Mikroelektronik werden für die Produkteentwicklung im Durchschnitt fünf Jahre benötigt – im Pharmasektor ist es das Doppelte bis Dreifache. Entwicklung und Registrierung eines neuen Wirkstoffes kosten nach Drews' Angaben in Europa und in den USA etwa 180 Millionen Franken, rechnet man die üblichen Fehlschläge hinzu sogar 250 bis 320 Millionen Franken. Vor dreissig Jahren brachte das für die Forschung eingesetzte Kapital eine Rentabilität von 11–18 Prozent, heute sind es noch 4–5 Prozent. Drews schreibt dazu: «Die Pharmaforschung ist an einem wirtschaftlich kritischen Punkt angelangt. Neue Impulse sind dringend nötig.»

Der Pharma-Markt

Der Weltmarkt für Pharmazeutika (ohne Diagnostika) beläuft sich heute auf etwa 190 Mrd. Franken (ohne die sozialistischen Länder). Mengenmässig stagniert er, dem Wert nach (also durch Preissteigerung) wächst er pro Jahr um ca. 10%.

Der grösste Pharmakonzern Merck mit Stammhaus in den USA kontrolliert 3,8% der Pharmaverkäufe, Ciba-Geigy (1986 an zweiter Stelle) ungefähr 3%, Sandoz und Hoffmann-La Roche kontrollieren (an ungefähr zehnter Stelle) je ca. 2%. Auf dem Pharma-Markt kämpfen viele Firmen um ihre je kleinen Anteile.

Gentechnisch hergestellte Produkte machen heute ca. 1% des Marktes aus, für das Jahr 2000 wird ein Anteil von 3–5% erwartet. Als Vergleich: Der Anteil von «traditionell» biotechnisch hergestellten Arzneimitteln und Veterinärprodukten (z. B. Antibiotika) liegt bei über 25% der Gesamtproduktion. Jürgen Drews (Hoffmann-La Roche) beschreibt fünf Phasen der Gentechnik:

1. Produktion von bereits herstellbaren biologischen Stoffen wie Insulin*, Wachstumshormone, Impfstoffen wie Hepatitis B* und Blutgerinnungsfaktoren. Diese Phase, die in den 70er Jahren begann, hat keine wesentlichen Auswirkungen auf die medizinische Forschung gehabt, sondern entscheidend ist: Schon verfügbare Substanzen können reiner, in grösseren Mengen und allenfalls billiger hergestellt werden.

2. Entdeckung und Charakterisierung von Eiweissen. Zum Beispiel können verschiedene Typen des Eiweisses Interferon charakterisiert werden. Wie Interferone im Körper funktionieren, ist damit noch nicht bekannt. Der bisher rare, aus weissen Blutkörperchen gewonnene Stoff kann gentechnisch in grösseren Mengen und reiner hergestellt werden. Das Alpha-Interferon (Hoffmann-La Roche/Schering Plough), mit dem die Haarzellenleukämie, eine sehr seltene Krebsart, soll behandelt werden können, ist das erste auf dem Markt zugelassene Interferon. Seine Marktchancen werden für 1990 auf 100 Mio. $ geschätzt. Hoffmann-La Roche ist sowohl bei der Interferon-Forschung als auch hinsichtlich anderer Krebsmittel (z. B. Interleukine) an der Spitze der Entwicklung. Diese Phase ist gegenwärtig voll im Gang.

3. Gene werden nicht nur identifiziert, sondern es wird untersucht, wie die von ihnen produzierten Eiweisse funktionieren. Forschungsziel ist, das Funktionieren – die Wirkung – dieser Eiweisse zu imitieren oder zu blockieren. Die dritte Phase beginnt heute und dürfte ab Mitte der 90er Jahre industriell verwertbare Erkenntnisse bringen.

4. Umfangreiche Manipulationen der Erbeigenschaften von Mikroorganismen werden möglich werden.

5. Molekulare Genetik* wird in ferneren Zeiten die pharmazeutische Forschung bestimmen.

Und diese erhofft er sich von der Gentechnik, der seiner Meinung nach «grössten Revolution in der Geschichte der Pharmazie, vergleichbar etwa mit dem Aufstieg der organisch synthetischen Chemie, mit der ja die heutige Pharmaindustrie entstanden ist». In diese Branche wird intensiv investiert: Die neu geschaffenen Gentechfirmen forschen vorwiegend im Bereich der Medizin.

Die neue Technologie ist nicht nur Anlass für harte Konkurrenzkämpfe um neue Märkte und Marktanteile, sondern auch eine *Gelegenheit*, bei den Gesundheitsbehörden neue, kostengünstigere Testvorschriften durchzusetzen. In den USA dauert es nach den Vorschriften der Behörden in der Regel sieben bis zehn Jahre, bis ein von der Firma bereits vorgetestetes Medikament überprüft ist und für den Markt freigegeben wird. Die Vorschriften der Food-and-Drug-Behörden wurden seit dem Contergan-Skandal verschärft. Ein dort zugelassenes Medikament wird meist auch in anderen Ländern akzeptiert.

Für AIDS-Medikamente soll die Testzeit nun um zwei bis drei Jahre verkürzt werden, womit die Überprüfungsprogramme wesentlich reduziert und ein Teil der bisherigen Gratistests (während der ganzen Testzeit muss das Medikament von den Firmen gratis abgegeben werden) in bezahlte umgewandelt werden. Ähnliche Regelungen werden auch für neue Medikamente gegen unheilbare Krebserkrankungen erwartet.

Das Retrovir der Firma Bourroughs Wellcome, ein nicht gentechnisch hergestelltes AIDS-Medikament, ist in den USA bereits auf dem Markt. Retrovir zögert das Fortschreiten der Immunschwäche hinaus, schädigt aber bei einem Drittel bis der Hälfte der Kranken das Knochenmark und das Blutbild. AIDS-Hilfe-Gruppen in den USA haben sich für die möglichst rasche Zulassung dieses sowie auch anderer Medikamente eingesetzt. Nur wenige Wissenschaftler warnen davor, dass die Verkürzung der Testzeit ein methodisches Überprüfen der AIDS-Mittel verunmögliche.

Retrovir ist das bis jetzt einzige Medikament, das vorzeitig zugelassen wurde. Entscheidend ist jedoch, dass die Gentechnik der Nimbus des ganz Neuen umgibt und dass für bisher unheilbare Krankheiten Behandlungsmöglichkeiten versprochen werden. Darauf basiert die Propaganda. Besonders deutlich ist dies bei den Interferonen, die als die neue Chance für Kranke hochgejubelt werden, obwohl man über ihre Wirkung wenig weiss.

Andere Methoden, aufwendige Überprüfungsverfahren zu vereinfachen, zu verbilligen und das «Menschenmaterial» dazu zu finden, sind, sie heimlich an Gefangenen, Marginalisierten oder an Menschen der Dritten Welt durchzuführen. Ende 1986 wurde bekannt, dass ein Forscherteam der Pierre und Marie Curie-Universität Paris ohne das Wissen von französischen und zairischen Behörden einen rekombinierten, mit dem AIDS-Virus veränderten, Virus an Schwarzen in Zaire getestet hat. Die Weltgesundheitsorganisation WHO konnte nur bedauern, dass zuvor keine Sicherheitstests durchgeführt worden sind ...

Für einen Konzern bedeutet die zwei bis drei Jahre frühere Zulassung von Medikamenten, dass ein Teil der Tests von der Öffentlichkeit finanziert wird. *Statt zu Forschungskosten kommt er zu Umsätzen*, seine Investitionen sind in kürzerer Zeit als üblich amortisiert, womit um einiges früher Gewinne gezogen werden können.

Die neuen Impulse, welche die Gentechnik dem Pharma-Markt zweifellos gibt, liegen, soweit ich es überblicken kann, auf drei Ebenen:

– Die Gentechnologie erschliesst neue Gebiete in der medizinischen Forschung und in der Entwicklung von Medikamenten, Tests und Impfstoffen – und damit neue Märkte.

– Die bereits bekannten Fälle von heimlichen Tests und von freigesetzten manipulierten Mikroorganismen lassen sich mit dem harten Kampf der Konzerne um Märkte und mit der scharfen Konkurrenz zwischen ehrgeizigen Wissenschaftlern erklären. Die grossen finanziellen Aufwendungen für die gentechnische Forschung verschärfen die Aggressivität und Skrupellosigkeit bei der Vermarktung, was bereits bisher viele Tausend Tote und Behinderte gekostet hat, was Olle Hansson am

Beispiel der Ciba-Geigy eindrücklich dokumentiert hat. *Nichts* rechtfertigt die Annahme, es werde diesmal mit den neuen Techniken anders laufen.

– Die neue Technologie ist aber auch eine Gelegenheit, um das angeschlagene Prestige der Pharma-Konzerne aufzupolieren. Die Gentechnik wird propagandistisch als *die* Hoffnung für AIDS- und Krebskranke verkauft, was es sehr erschwert, mit der Kritik an dieser Technologie auf Gehör zu stossen: Wer möchte sich schon gegen etwas wenden, das den AIDS- und Krebskranken mehr Überlebenschancen verspricht?

Was der eingebundene Forscher nicht sieht

Mit Jakob Nüesch, dem Leiter des Ressorts Biotechnologie der Division Pharma der Ciba-Geigy und Professor der Abteilung Mikrobiologie am Biozentrum der Universität Basel, führte ich ein aufschlussreiches Gespräch. Nüeschs Argumentationsweise, seine Widersprüche und Leerstellen, scheinen mir charakteristisch nicht nur für die Haltung vieler Naturwissenschaftler, sondern auch dafür, wie in der breiteren schweizerischen Öffentlichkeit – falls überhaupt – Technologiediskussionen geführt werden.

– Für Nüesch existieren klare Grenzen, von wo an das Machbare nicht mehr gemacht werden darf; als Beispiel nennt er den gentechnischen Eingriff in die Keimbahn des Menschen. Grenzüberschreitungen sind für ihn bedauerliche, von einzelnen verursachte Vorfälle. Er verkennt, dass das Überschreiten oder Hinausschieben der Grenzen in der heutigen Wissenschaftsproduktion und -konzeption selbst angelegt ist.

– Nüesch problematisiert durchaus die Gefahren der modernen Techniken: die Möglichkeiten, die Biosphäre zu beeinflussen, seien heute so gross, dass wir bei dem, was wir tun, viel vorsichtiger sein müssten als in früheren Zeiten. «Nicht gut» findet Nüesch Entwicklungen wie jene des Atrazin-resistenten Saatguts (siehe den nachfolgenden Beitrag). Kaum

Unkalkulierbare Risiken

Es ist umstritten, ob der AIDS-Virus aus Afrika kommt oder ob er aus einem Genlabor entwichen ist. Er gehört zu den Retroviren, und diese haben sehr lange Inkubationszeiten, d. h. es dauert mehrere Jahre, bis die Infektion sich als gestörte Immunabwehr manifestiert. Daher ist nachträglich nicht zu beweisen, wo und aus welchem Grund die Virusinfektion ihren Anfang nahm. Retroviren sind eine spezielle Gruppe von Viren, die die Entartung von Zellen verursachen, zum Beispiel Krebs. Mit diesen Viren wird innerhalb der gentechnischen Forschung häufig gearbeitet, auch in der Schweiz. Kritische Wissenschaftler verweisen auf die enormen Risiken, welche mit der Arbeit an Retroviren verbunden sind und fordern ein Verbot derartiger Experimente. Auch vordergründig harmlosere genmanipulierte Mikroorganismen werden zu einer unberechenbaren Gefahr, wenn sie erst einmal in grossen Mengen industriell hergestellt und freigesetzt werden (vor allem in der Landwirtschaft oder bei Impfungen).

Die die Gentechnik begleitende Gefahr kann weder kalkuliert – unter Laborbedingungen lassen sich Naturvorgänge nicht simulieren – noch später nachgewiesen werden. Das heisst: Sie lässt sich immer auch bestreiten. Das in der Gentechnik angelegte Risiko beruht darauf, dass sehr viele neu kombinierte Mikroorganismen in die Natur gelangen können, deren natürliche Evolution, falls sie überhaupt stattfindet, sehr viel Zeit beanspruchen würde. Während der natürlichen Evolution kann die Natur, zum Beispiel unser Körper, natürliche Resistenzen entwikkeln – dazu bleibt bei der künstlichen, der gentechnischen Manipulation kaum Zeit.

Klassisches Beispiel für die Folgen der «künstlichen» Aussetzung von Mikroorganismen sind die von Kolonisatoren nach Lateinamerika eingeschleppte Masern, die Millionen von Indianern und Indianerinnen umgebracht hat. In den USA wurden bereits 1985 genetisch veränderte Bakterien freigesetzt, unter Umgehung der Behörden, die ein Gesuch zu genehmigen hätten. Dies löste einen breiten Protest aus. Im Frühjahr 1987 setzten Anhänger der Gentechnik auch in Europa ihr Zeichen und führten in der BRD, England und Frankreich Freilandversuche mit genetisch veränderten Bakterien durch, finanziert aus dem Biotechnology Action Program der EG-Kommission.

Einmal freigesetzte Bakterien lassen sich nicht wieder «einsammeln».

frage ich nach der öffentlichen Kontrolle, nach den Entscheidungsmechanismen innerhalb der Forschung und nach den wirtschaftlichen Zusammenhängen, wird Nüesch sehr vage. Er hofft auf das wachsende Problem- und Verantwortungsbewusstsein der Naturwissenschaftler und der Unternehmen. Moral ist für ihn dabei ein individuelles Problem.

Er übergeht die gesellschaftliche Problematik, nämlich dass die Gentechnik, wie andere Spitzentechnologien auch, schon allein aus finanziellen Gründen nur in inegalitären, stark hierarchisierten und arbeitsteiligen Gesellschaften entwickelt werden konnte. Teure Forschung *muss* sich notwendigerweise bezahlt machen, sich also einen Markt schaffen. Die Wissenschaftler können sich den Spielregeln dieser Gesellschaft nicht entziehen, wollen sie nicht marginalisiert werden. Ihr *Opportunismus* – und derjenige der Unternehmer – ist schon in der finanziellen Grössenordnung dieser Forschung *einprogrammiert.*

– Während des Gesprächs fallen Wörter und Sätze, die mich hellhörig machen. Einerseits spricht Nüesch vom notwendigen *Vertrauen* zu den Naturwissenschaftlern und von deren *Verantwortung.* Andererseits betont er, Wissenschaftler seien auch nur Menschen, die Fehler machen und sich täuschen können.

Nüesch weicht der Frage aus, inwieweit die Gentechnik und ihre Eingriffe in die Natur von den so menschlichen Menschen überhaupt *verantwortet werden können.*

– Nüesch wünscht sich eine öffentliche Diskussion. Er selbst hat schon oft Vorträge gehalten und an Diskussionen teilgenommen, auch zusammen mit dem Theologen Hans-Peter Schreiber. Ich zweifle nicht am Anliegen Nüeschs, diese Debatten zu führen. Nur läuft diese Form von öffentlicher Diskussion darauf hinaus, dass auf dem Podium der «Wissenden» ein paar Ethiker den Forschern gegenüber sitzen und deren unwidersprochenen naturwissenschaftlichen «Sachkompetenz» Moral und Philosophie entgegenstellen. Im Unternehmerjargon hat sich diese neue Konstellation bereits niedergeschlagen: In einem Interview im März 1987 sagte

Fritz Gerber, Präsident des Hoffmann-La Roche-Konzerns: «Wir wollen unsere Stellung als forschungsorientiertes, ethisches, chemisch-pharmazeutisches Unternehmen stärken.» Zum Bisherigen kommt die Ethik hinzu. Eine ernsthafte öffentliche Debatte würde jedoch eine kritische Auseinandersetzung mit den naturwissenschaftlichen Konzepten und der Praxis der bio- und gentechnologischen Forschung einerseits, mit den wirtschaftlichen Zusammenhängen und den sozialen wie ökologischen Auswirkungen andererseits bedeuten.

– Zu Recht stellt Nüesch fest, es sei nicht einfach, öffentliches Interesse zu finden, wenn das Thema nicht als Sensation wahrgenommen wird.

Er übersieht, dass den medienmächtigen Konzernen bis jetzt nichts an einer kritischen Öffentlichkeit gelegen ist – ganz im Gegenteil. Eine kompetente Gegenöffentlichkeit kann unter den heutigen Bedingungen nur mit grossen, nicht zuletzt finanziellen, Anstrengungen geschaffen werden.

Was sich in Nüeschs Betrachtungsweise zeigt, prägt auch die öffentlichen Diskussionen anderer Hochtechnologien: Die Aufmerksamkeit wird statt auf die Gesamtzusammenhänge auf Individuen, deren Moral und Verantwortung, gerichtet. Dies führt zum immer gleichen Phänomen: Zu Beginn eines technischen Umbruchs stehen Skandale im Mittelpunkt – der Neuheitseffekt; nach dessen Abflauen setzen sich die Techniken relativ unbeachtet durch – skandalös alltäglich –, und später werden einige ihrer Folgen als beängstigend erlebt. Die Skandale, welche die gentechnologische Diskussion in Gang gebracht haben, waren evoziert von Techniken wie der künstlichen Befruchtung, die die herrschende Moral tangieren, oder von ersten spektakulären Forschungsergebnissen. Die Brisanz der Gentechnologie liegt jedoch längerfristig in ihren vielfältigen Möglichkeiten, Lebensprozesse zu steuern, zu kontrollieren und zu verändern – und zwar in einer Welt, wo diese Technik eine Waffe ist, die zur Ausübung militärischer, wirtschaftlicher und politischer Macht gebraucht wird.

Die Debatte muss stattfinden, *bevor* diese Möglichkeiten genutzt und erweitert werden.

FLORIANNE KOECHLIN

Kontrollierte Nahrung – kontrollierte Existenz!

Die Basler Konzerne und die Dritte Welt

Die Gentechnik sei gerade für die Dritte Welt eine grosse Hoffnung, selbst der Hunger lasse sich damit bekämpfen – so wird für diese neue Wissenschaft geworben. Dank der Gentechnik werde es möglich sein, Pflanzen an schlechte klimatische Bedingungen sowie an salzreiche oder wasserarme Böden anzupassen. Pflanzen, die ihren eigenen Dünger herstellen oder die für den Menschen wichtigen Eiweissbausteine, die essentiellen Aminosäuren, produzieren, liessen sich konstruieren.

Doch die Wirklichkeit sieht anders aus: Weitaus die grössten Anstrengungen werden unternommen, um die Kulturpflanzen gegen firmeneigene Pestizide resistent zu machen. Pestizide sind chemische Keulen, die gegen die sogenannten Schädlinge eingesetzt werden: Herbizide gegen Wildkräuter, Insektizide gegen Insekten und Fungizide gegen Pilze. In diese Forschungsrichtung werden Milliarden investiert, und da sind auch die ersten Erfolge der Gentechnik zu verbuchen.

Begründet wird die Ausrichtung der Forschung auf Pestizidresistenzen damit, dass dies eine sehr einfache gentechnische Manipulation an Pflanzen sei: Nur ein einziges Gen sei betroffen, während bei anderen Pflanzeneigenschaften meist mehrere Gene im Spiel seien, die zudem untereinander äusserst komplex reguliert würden.

Was in dieser Begründung fehlt, ist der Hinweis auf das äusserst lukrative Geschäft, das mit diesen Vorteilen verbunden ist. Es ist für einen Hersteller sehr viel interessanter, pestizidresistente Pflanzen zu konstruieren als beispielsweise Pflanzen, die gegen Mehltau und Brand resistent wären, denn mit dem pestizidresistenten Saatgut muss gleich noch die zum System gehörige Agrochemikalie mitverkauft werden. Gentechnisch manipulierte Pflanzen, die Chemikalien überflüssig machten, wären demgegenüber ein schlechtes Geschäft.

Die drei Basler Chemiekonzerne sind führend in der Agroindustrie. Unter den heute ersten zehn Multinationalen, die den Weltmarkt für Agrochemie und Saatgut beherrschen, besetzen die Ciba-Geigy und die Sandoz vordere Ränge: Zusammen kontrollieren sie einen Fünftel dieses Marktes (siehe auch Anhang S. 192). US-Studien prognostizieren, dass der Konzentrationsprozess weitergehen wird und bis ins Jahr 2000 nur noch zehn bis zwanzig Saatgutfirmen unter sich den Markt aufteilen werden.

Ein weiterer Grund für das Interesse insbesondere an herbizidresistenten Pflanzen dürfte sein, dass der Patentschutz für viele wichtige Unkrautvertilger abgelaufen ist oder bald ausläuft. Es hat sich gezeigt, dass die Herstellung eines neuen Herbizids viel teurer und langwieriger ist als die gentechnische Anpassung einer Pflanze an einen bereits existierenden Unkrautvertilger.

Atrazinresistente Pflanzen

Der masslose Pestizideinsatz rund um die Welt ist wohl eines der grössten Umweltprobleme überhaupt. Das Atrazin* der Ciba-Geigy steht hier stellvertretend für viele andere Pestizide. Auch nachdem der Patentschutz abgelaufen ist, gehört Atrazin zu den meistverkauften Herbiziden der Ciba-Geigy. Forscher haben beim Mais das Gen isoliert, welches die Pflanze gegen Atrazin resistent macht, und sie versuchen nun, dieses Gen in andere Kulturpflanzen hinein zu manipulieren. Verschiedene andere Grosskonzerne fanden ebenfalls das Gen, das die Pflanzen gegen die firmeneigenen Herbizide resistent macht, oder sie sind nahe daran.

Gentechnologisch hergestellte Herbizidresistenzen

Herbizid-Hersteller	Genfirma	Forschungsprojekt
American Cyanamid	Molecular Genetics	Herbizidresistenz in Mais gegen Entwicklungspräparate (= Imidazolinone)
Ciba-Geigy		Atrazin-Resistenz in Kulturpflanzen
Du Pont		Resistenz gegen Sulfonylharnstoff-Herbizide (Oust, Glean) in Tabak
Eli Lilly		Resistenz gegen Treflan (Patentschutz läuft aus)
Kemira Oy (SF)	Calgene	Herbizidresistenz in Rüben
Monsanto		Glyphosate-Resistenz in Tabak (Luzerne wurde aufgegeben)
Phizer-Dekalb	Calgene	Herbizidresistenz in Hybridsorten von Mais
Rhone Poulenc	Calgene	Resistenz in Sonnenblumen gegen Bromoxynil-Nachauf-lauf-Herbizid
Rohm & Haas	Advanced Genetic Sciences	Resistenz gegen bereits zugelassene Herbizide
Shell Chemicals		Herbizidresistenz
Stauffer		Herbizidresistenz
	Bio Technica Int.	Herbizidresistenz in Tabak, später in Soja und Luzerne
	Calgene	Glyphosate-Resistenz in Tabak, später Mais
	Calgene-Nestec (Nestlé)	Glyphosate-Resistenz in Sojabohnen
	Calgene-Phytogen	Glyphosate-Resistenz in Baumwolle

aus: Forschungsschwerpunkte Bayer, 1985

Atrazin wird in erster Linie bei Mais- und Reiskulturen eingesetzt, da fast alle anderen Kulturpflanzen durch dieses «Breitbandherbizid» oder «Totalherbizid» zerstört werden. Sehr wirkungsvoll: es tötet sämtliche sogenannten Unkräuter ab. Bevor die Maissamen ausgesät werden, wird der Boden mit Atrazin von allen Pflanzen gesäubert – «blankgemacht» oder «versiegelt», wie es im Schweizer Bauern-Jargon heisst. Es müssen keine anderen Herbizide gespritzt werden.

Dass neben dem Mais und dem Reis kaum eine Kulturpflanze gegen Atrazin resistent ist, beschränkt andererseits seinen Einsatzbereich.

In den USA, dem Hauptabsatzgebiet des Produktes, folgt auf eine Maisernte meist eine Sojaaussaat. Bei der Maisernte muss das Atrazin immer sehr zurückhaltend eingesetzt werden, da die Sojapflanzen äusserst empfindlich darauf reagieren. Wären sie atrazinresistent, so könnte nicht nur zusätzlich bei der Sojakultur, sondern schon bei der vorhergehenden Maiskultur kräftig und ausgiebig gespritzt werden. Die Ciba-Geigy rechnet mit einem zwei- bis dreimal höheren Atrazineinsatz in den USA, wenn es ihr gelingt, atrazinresistente Sojapflanzen auf den Markt zu bringen. Einen ersten Feldversuch mit Tabakpflanzen, in die das für die Atrazinresistenz verantwortliche Gen eingeschleust worden ist, machte die Ciba-Geigy 1986 in ihrem zwei Jahre zuvor eingerichteten Agrobiotechnik-Forschungszentrum in North Carolina (USA).

Was bewirkt Atrazin in der Umwelt? Es ist bekannt, dass es sehr langlebig ist und im Boden nur sehr langsam in Abbauprodukte umgesetzt wird, deren Auswirkungen auf das Ökosystem noch wenig bekannt sind. Deshalb – und auch das ist bekannt – hat es sich schon überall in unserer Nahrungskette eingenistet.

Da das Atrazin jahrelang im Boden bleibt, wird es mit der Zeit ins Grundwasser geschwemmt. Heute häufen sich die Meldungen über atrazinverseuchtes Trink- und Grundwasser: In weiten Teilen der Schweiz, so in der Region Basel und Luzern, liegen die Atrazin-Werte weit über dem Toleranzwert der eidgenössischen Fremdstoffverordnung von 0,1 Mikrogramm pro Liter. Im Sommer 1986 herrschte in der oberitalienischen Provinz Bergamo akuter Wasseralarm: Für mehr als 150000 Menschen war das Leitungswasser ungeniessbar – verseucht durch Atrazin. Die Maiskulturen in der Po-Ebene werden seit fünfzehn Jahren damit gespritzt.

Trotz dieser Verseuchung, und obwohl man weiss, dass

dieses Herbizid für Embryonen schädlich ist und Erbgutveränderungen hervorrufen kann, denkt niemand daran, es zu verbieten. Dabei ist schon heute klar, dass durch die massive Verwendung von Pestiziden unverantwortbar in die Natur eingegriffen wird. Beim Atrazin ist folgendes beobachtet worden: Je ausgiebiger dieses Herbizid verwendet wird, desto mehr sogenannte Unkräuter werden dagegen resistent, also müssen noch stärkere Dosen gespritzt werden – die Giftspirale hört nicht auf! Bereits Anfang der achtziger Jahre waren 37 Wildkräuter gegen das Atrazin resistent. Diese stammen aus wenigstens 24 Pflanzengattungen und wachsen in über zehn Ländern.

Biologisch verankerte Abhängigkeit: Die Saatgutpakete

Die Strategie der Konzerne, gentechnisch Pestizidresistenzen zu konstruieren, zielt in erster Linie auf die Landwirtschaft der Dritten Welt, deren Märkte unter den Agroindustrien noch nicht definitiv verteilt sind.

Ein erster gewaltiger Schub gelang zu Beginn der sechziger Jahre mit dem herangezüchteten Hybridsaatgut. Hybriden entstehen durch die Inzucht von zwei verschiedenen Linien einer Pflanze. Sie erbringen sehr hohe Erträge, doch das Saatgut ist nach ein bis zwei Generationen steril. Der Bauer kann also nicht mehr einen Teil seiner Ernte als Saatgut fürs nächste Jahr verwenden, sondern er muss es jedes Jahr von der Saatgutindustrie neu kaufen. Zudem sind Hybriden sehr anfällig auf Krankheiten; sie benötigen viel künstlichen Dünger und müssen meist in kurzer Zeit mit speziellen Maschinen geerntet werden. Lieferbedingungen und Preise von Saatgut, Pestiziden, Dünger und Maschinen werden von den Konzernen diktiert.

Mit den Hybriden hat sich die Saatgutindustrie einen riesigen neuen Markt erschlossen – jenen der armen Kleinbauern der Dritten Welt – und die weitgehende Monopolisierung der Branche bewirkt. Die neuen Bio- und die Gentechniken sind die strategischen Mittel, mit denen dieser Prozess heute in ungeahntem Mass forciert, die Kontrolle neuer Märkte und der Konzentrationsprozess weiter vorangetrieben wird.

Die Idee, ganze «Saatgutpakete» – Saatgut mit den passenden Agrochemikalien – zu liefern, ist nicht neu. Eine technische Vorstufe der pestizidresistenten Pflanzen gibt es schon heute: Die Ciba-Geigy beispielsweise hat ihr Saatgut für Sorghum-Hirse, welches, mit einem chemischen «Schutzmantel» umhüllt, gegen ihr Herbizid Dual geschützt ist, bereits 1980 im Sudan und 1985 in Äthiopien erfolgreich vertrieben.

Eine andere Vorstufe zur Pestizidresistenz beginnt sich heute in der Schweiz auszubreiten: Vermehrt wird Saatgut gehandelt, das ohne Agrochemikalien gar nicht mehr wächst. Henri Suter, der im Forschungsinstitut für Biologischen Landbau Oberwil (BL) arbeitet, sagt, dass bereits etliche Saatgutarten auf dem Markt sind, die nur mit Chemie- und Düngereinsatz überhaupt einen Ertrag abwerfen – so zum Beispiel Kopfsalat und Kohlrabi. Biologisch, also ohne Gift angebaut, verdorren die Samen.

Die modernen Methoden der Bio- und Gentechnologie ermöglichen also vor allem einmal eine massive Steigerung des Pestizideinsatzes. Gleichzeitig schaffen die grossflächigen Monokulturen von genetisch gleichen Pflanzen ideale Bedingungen für neue Schädlinge und deren rasche Ausbreitung. Die Böden werden ausgelaugt, durch schwere Maschinen verdichtet und durch den Chemieeinsatz vergiftet. Sie lassen sich mit traditionellen Methoden nicht mehr bebauen. So können dann neu konstruierte Pflanzen und ein erhöhter Pestizideinsatz als einzige Rettung vor sinkenden Erträgen erscheinen. Als Folge dieser Entwicklung wird die genetische Vielfalt massiv eingeengt. Immer weniger Sorten einer Kulturpflanze sind auf dem Weltmarkt zu finden.

Gentechnologie wird wirtschaftlich und politisch ein gutes Geschäft: Pestizide machen die Bauernfamilie von Agrochemie abhängig; die Resistenz gegen ein bestimmtes Herbizid bindet sie an einen Agrokonzern: sie kauft das Saatgut im «Multipack» – mit dazugehörigem Pestizid und Dünger.

Mit den Gentechniken wird auf diese Weise eine direkte «biologisch verankerte Abhängigkeit» der Landwirtschaft von den wenigen Agrokonzernen geschaffen, die sich in dieser Entwicklung behaupten werden.

Dritt-Welt-Plantagen im Labor: Die Zellkulturen

Mit der Herstellung von Zellkulturen ist der modernen Biotechnologie ein wichtiger Durchbruch gelungen. Zellkulturen sind Klümpchen aus Zellen irgendwelcher Pflanzenteile, mit denen sich im Labor bequem arbeiten lässt: man kann sie Krankheitserregern aussetzen und die überlebenden Zellen herausselektionieren, oder man kann mit gentechnischen Methoden direkt am Erbgut dieser Zellen herummanipulieren. Nach Bedarf können einzelne Zellen dieser Klümpchen zu ganzen Pflanzen herangezogen werden. Diese Laborkulturen bringen einen grossen Zeitgewinn, da die jahrzehntelangen Züchtungsarbeiten auf einen Bruchteil verkürzt werden und die Versuchsfelder auf nicht viel mehr als die Grösse eines Reagenzglases schrumpfen. Zellkulturen ermöglichen die industrielle Vermehrung von genetisch identischen Pflanzen; jede ist eine genetische Kopie der anderen.

Unilever, der viertgrösste multinationale Konzern ausserhalb der USA, verfügt über die modernsten Zellkulturtechniken für die Ölpalme. «Die Ölpalme produziert bereits heute derart viel mehr Öl als jede andere Pflanze, dass sie einmal alle anderen ölproduzierenden Pflanzen überflüssig machen wird», meint ein Genexperte. Dank der Zellkulturtechnik soll der Ertrag nochmals gewaltig steigen. In zwei Zentren der Unilever werden jährlich je 500000 nahezu identische, um dreissig Prozent ertragreichere Ölpalmen erzeugt.

Es wird deutlich, welch ungeheure Gefahr in dieser neuen Technik steckt: Sie macht die Ölproduktion aus Kokosnuss, Sonnenblumen, Soja und anderen Ölpflanzen zu einem unrentablen Geschäft. Hunderttausende von Kleinbauernfamilien Südostasiens, die von der Kokospalme leben, werden ihre

Existenz verlieren. Unilever ist bereits heute der grösste Käufer von Pflanzenölen – und deren grösster Produzent und plant, die Ölpalmen, deren Herstellung in Zellkulturen patentrechtlich geschützt ist, in allen Tropenländern – von Zentralamerika über Brasilien, Westafrika, Indonesien, Malaysia bis zu den Philippinen – zu vertreiben. Damit kontrolliert ein einziger Konzern die weltweite Produktion und Verarbeitung von Ölen. Es hat sich auch gezeigt, dass die Kulturen genetisch identischer Ölpalmen sehr empfindlich sind und sechsmal so intensiv mit Pestiziden behandelt werden müssen wie die herkömmlich vermehrten Pflanzen.

Mit Zellkulturen sollen auch teure pflanzliche Rohstoffe hergestellt werden, die bisher vorwiegend aus tropischen Ländern importiert werden mussten. Dieser Forschungsbereich steckt noch in den Anfängen: So versucht Ciba-Geigy in Basel Scopolamin in Zellkulturen herzustellen. Scopolamin, ein Naturstoff des Stechapfels, ist ein Mittel gegen Reisekrankheit. Dieser Stoff wirkt bereits, wenn er mit einem Pflaster hinters Ohr geklebt wird; die Pillenschluckerei erübrigt sich. Auch Vanille kann heute im Labor hergestellt werden. Bei diesem Produkt ist die schweizerische Firma Firmenich, Genf führend. Gemäss der Zeitschrift Biopressing Technology könnte bereits 1989 in grossen Bioreaktoren industriell hergestelltes Vanille auf den Markt kommen. Dies würde den Exportmarkt der vier Länder Madagaskar, La Réunion, der Comoren und Indonesien gefährden oder sogar zerstören. Dort wird gegenwärtig 98 Prozent des Vanillestoffes produziert.

Ob die biotechnische Produktion von pflanzlichen Rohstoffen zu einer Bedrohung für die Dritt-Welt-Länder wird, ist zur Zeit ungewiss: Die Herstellung ist vorderhand ein technisches Problem, vorab weil viele pflanzliche Wirkstoffe sehr komplex aufgebaut sind. Doch heute schon können mehr als fünfzig natürliche Produkte im Labor hergestellt werden, darunter Morphin, Codein, Chinin, Fingerhut oder Thaumatin. Ginseng, in östlichen Ländern ein verbreitetes Heilmittel für unzählige Leiden, wird von sowjetischen und japanischen Wissenschaftlern in Zellkulturen produziert.

Die Vorteile dieser Zellkulturtechniken für die Industrie liegen auf der Hand: mit den Laborplantagen ist sie ebenso unabhängig von Störfaktoren in der Umwelt wie von wirtschaftlichen und politischen Entwicklungen in Dritt-Welt-Ländern.

Gesicherter Gewinn: Die patentierten Lebewesen

In der Schweiz und generell in Europa können neu gezüchtete oder auch bloss neu entdeckte Pflanzen dem Sortenschutz unterstellt werden. Dieser garantiert dem Züchter während einer gewissen Zeit die Herstellungs-, Verkaufs- und Lizenzrechte, er reicht jedoch viel weniger weit als der Patentschutz für Industriegüter, von dem in der Schweiz Tiere und Pflanzen ausdrücklich ausgeschlossen sind. Einzig Mikroorganismen sind patentfähig.

Die Patentierung von gentechnisch manipulierten Lebewesen ist zur Zeit Mittelpunkt von heftigen Auseinandersetzungen. Der freisinnige Nationalrat Felix Auer, Vizedirektor der Ciba-Geigy, verlangte im Frühjahr 1987 im Parlament eine «Anpassung des Patentschutzes an die bio- und gentechnologische Forschung», während sich die POCH-Nationalrätin Anita Fetz für eine Lockerung einsetzte.

Worum dreht sich der Konflikt? Das Saatgutgeschäft war lange Zeit die Domäne von vielen kleinen privaten oder staatlichen Züchtern. Anfang der sechziger Jahre wurde auf Druck der Konzerne der Sortenschutz eingeführt, womit auch die Voraussetzung geschaffen war, die Pflanzenzucht zu monopolisieren. In kürzester Zeit kauften Grosskonzerne der Sparten Pharmazie, Chemie, Erdöl und Nahrungsmittel die bisher mittelgrossen und kleinen Saatgutfirmen auf. Dieser Konzentrationsschub traf nicht nur die Dritte Welt: In der Schweiz wird beispielsweise der Markt für Gemüse inzwischen zu 95 Prozent von einigen wenigen ausländischen Saatgutfirmen beherrscht.

Mit dem Sortenschutz und dem Auftreten der Grosskonzerne wurde die ganze Saatgutbranche radikal verändert: Die Konzerne bestimmen durch ihre Produkte die neuen Zuchtziele und immer weniger Pflanzensorten sind noch erhältlich. Die Dritt-Welt-Länder zahlen teure Lizenzgebühren für das Saatgut westlicher Konzerne, dessen «Ahnen» beinahe ausnahmslos aus eben diesen Ländern stammen! Weltweit sind über 80 Prozent aller Lizenzen in den Händen grosser Konzerne, in Ländern der Dritten Welt sogar fast 95 Prozent!

Und doch: Der Rahmen des jetzigen Sortenschutzes erscheint klein und harmlos verglichen mit dem industriellen Patentsystem, auf dessen Einführung für gen- und biotechnisch veränderte Pflanzen und Tiere jetzt vor allem die grossen Agro- und Chemiekonzerne drängen. Auch in der Schweiz. In den USA und in Japan ist das neue Patentrecht teilweise schon in Kraft: Verfahrenstechniken sind unter strenge Schutzbestimmungen gestellt, Pflanzen und Mikroorganismen, Teile davon oder gar einzelne Gene als Privateigentum des «Erfinders» geschützt.

Der Patentinhaber eines Gens soll die Rechte über sämtliche Pflanzen erhalten, in die «sein» Gen eingeschleust worden ist! Argumentiert wird, die Innovationsbereitschaft der Industrie könne nur durch ein weitgehendes Patentsystem angekurbelt werden; es brauche dieses Mittel, um die wirtschaftliche Verwertung von Forschungsrisiken abzusichern. Auf der anderen Seite stehen die Länder der Dritten Welt, die innerhalb der FAO (Ernährungs- und Landwirtschaftsorganisation der Vereinten Nationen) immer dezidierter fordern, das pflanzliche Genmaterial müsse wieder frei verfügbar und allen zugänglich sein. Die Industrieländer, und die Schweiz im Speziellen, wehren sich gegen eine solche Freigabe.

Das Heranzüchten von Hybridsaatgut mittels der Bio- und Gentechniken – immer ertragreicher, empfindlicher und mit «eingebautem» Chemiebedarf – auf der einen Seite und ein starker Patentschutz auf der andern Seite bilden also die Voraussetzungen dafür, dass das Saatgutgeschäft weltweit von immer weniger, dafür umso mächtigeren multinationalen Konzernen kontrolliert wird.

Schon die «Grüne Revolution» der sechziger Jahre hat enorme Abhängigkeiten geschaffen, das Sozialgefüge der betroffenen Länder zerstört und Millionen von Kleinbauernfamilien ihrer Existenzgrundlage beraubt. Doch verglichen mit der «Gentechnologischen Revolution» war das harmlos.

Erschreckend ist die Tatsache, dass sich die Verfügungsgewalt über Techniken, Landwirtschaft und Boden zunehmend

Die Mikrobe, die Kuh, dann du!

In den USA sind Pflanzen patentierfähig. Im April 1987 gab das amerikanische Patentamt bekannt, in Zukunft auch gentechnisch manipulierte Tiere zu patentieren. Damit gilt jedes Tier, dem ein Gen verändert wird, künftig als «menschliche Erfindung» und wird patentfähig. Ein amerikanischer Gentechniker, der die Tierpatentierung befürwortet, stellt fest, dass damit der Schritt, Genmanipulationen auch am Menschen zu patentieren, sehr klein ist.

Bereits liegen fünfzehn Tier-Patentanträge bei den amerikanischen Behörden. So haben z. B. Forscher aus Beltsville/Maryland fettarme Riesenschweine hergestellt, indem sie das Gen für das menschliche Wachstumshormon in deren Erbgut hineinmanipuliert haben. Diese kalbsgrossen Schweine schielen und leiden an Gicht sowie ständig wiederkehrenden Infektionen, doch für die Forscher sind diese verkrüppelten Tiere nur Zwischenprodukte auf dem Weg zum fleischigen Riesenschwein. Die massenhafte Produktion von gentechnisch manipulierten Tieren wird, sobald die neuen Kreaturen wie ein Staubsauger patentierfähig sind, zu einem finanziell interessanten Geschäft.

Widerstand gegen den Vorstoss des US-Patentamtes regte sich vor allem bei einflussreichen Tierschutzvereinigungen und religiösen Gruppen. Der Senat des US-Kongresses beschloss daraufhin, dem Patentamt die für Tierpatentierungen erforderlichen Mittel für das Jahr 1987 zu streichen, bis ein entsprechendes Gesetz verabschiedet wird. Inzwischen werden dazu Hearings abgehalten.

In der Schweiz wird mit der Motion des Ciba-Geigy-Vizedirektors Felix Auer ein Patentrecht für höhere Organismen gefordert, allerdings in sehr allgemein gehaltener Form. Diese Motion wurde von 83 Nationalrätinnen und Nationalräten mitunterschrieben, u. a. von Helmut Hubacher (SP), Judith Stamm (CVP) und Verena Grendelmeier (LDU). Ob sie hinter dieser Motion stehen oder schlicht nicht gemerkt haben, worum es geht, ist hier die interessante Frage.

auf einige wenige private Machtzentren konzentriert. Wer den Boden kontrolliert, kontrolliert die Nahrungsmittelketten – und wer die Nahrungsmittelketten kontrolliert, verwaltet die Existenzgrundlage der Weltbevölkerung.

Die Schweizer Landwirtschaft

Vergleicht man die Landwirtschaft der Schweiz mit jener der Dritten Welt, so werden die zwei Dimensionen der Bio- und Gentechnologie verständlich: Einerseits bringt sie eine neue Qualität mit sich – gleichzeitig unterscheiden sich ihre Tendenzen nicht grundsätzlich von der bisherigen technischen Entwicklung. Qualitativ neu ist, dass durch die Eingriffe in die Natur, in die Lebewesen selbst, biologische Fesseln, sogenannte Sachzwänge geschaffen werden, die kaum rückgängig zu machen sind, wie das Beispiel der atrazinresistenten Pflanzen gezeigt hat. Abhängigkeiten werden biologisch verankert. Nicht neu hingegen ist, dass die sozialen Abhängigkeiten innerhalb unseres Wirtschaftssystems seit jeher angestrebt werden, denn: ohne Abhängige – keine Gewinne. Neu sind also allein die technischen Mittel, mit denen diese Abhängigkeiten zementiert werden.

Die Dritt-Welt-Länder sind weitgehend Agrarländer und Rohstofflieferanten. Das sollen sie unter den von den multinationalen Konzernen diktierten Bedingungen auch bleiben. Die Schweiz hingegen, um die Jahrhundertwende noch ein Bauernstaat, ist heute ein Industrieland mit einer kleinen, weitgehend industrialisierten Landwirtschaft. Ihre sogenannte Restrukturierungsphase ist sogar schon leicht im Abklingen: Während zwischen 1965 und 1975 jeden Tag acht kleine oder mittlere Bauernhöfe eingegangen sind, sind es heute noch vier!

Am Beispiel des Winterweizens Arina wird deutlich, dass unter hiesigen Verhältnissen alle Elemente der modernen Landwirtschaft auch ohne Bio- und Gentechniken durchzusetzen sind. Das Terrain für die neuen Techniken ist gut vorbereitet, und insofern werden die Auswirkungen hier weniger offensichtlich sein als für Dritt-Welt-Länder.

Symbol für den Fortschritt: Superweizen Arina

Der neuen Winterweizensorte Arina gelang in der Schweiz in Rekordzeit ein kometenhafter Aufstieg. Erstmals auf die Sortenliste kam der Weizen 1981; fünf Jahre später wurde er bereits auf siebzig Prozent der gesamten Anbaufläche angepflanzt. Arina wird nicht gentechnisch hergestellt, sondern durch traditionelle Züchtungsmethoden herausgekreuzt. Er ist auch nicht auf Chemieeinsatz getrimmt, und als Nicht-Hybride bedingt er keine direkte Abhängigkeit von Saatgutlieferanten. Trotzdem hat diese Weizensorte innerhalb der Schweizer Landwirtschaft eine einzigartige Monopolstellung errungen und den Chemieeinsatz erneut in die Höhe getrieben. Dies obwohl Arina biologisch angepflanzt sehr gut abschneidet.

Sämtliche in der Schweiz verkauften Getreidesorten werden in den eidgenössischen Forschungsanstalten Reckenholz (ZH) und Changins (FR) gezüchtet oder vom Ausland übernommen und nach mindestens dreijähriger Prüfung dem Bundesamt für Landwirtschaft für die Aufnahme in die Sortenliste vorgeschlagen. «Die Schweiz ist eine einsame Insel. So paradox das klingen mag: Unsere Getreidesorten sind qualitativ höherstehend als die unserer Nachbarländer», sagt Ferdinand Weilenmann von der Forschungsanstalt Reckenholz. Bei der eingehenden Prüfung von neuen Sorten steht das Merkmal «Hoher Ertrag» erst an dritter Stelle, nach der Widerstandsfähigkeit und der Qualität; eine Rangliste, die sich wohl nur ein staatlicher Betrieb leisten kann. Das Ziel von Reckenholz ist, noch bessere, qualitativ noch höherstehende, ertragreichere Weizensorten auf den Markt zu bringen. Dass dies auch den weiter steigenden Einsatz von Chemie- und Düngemitteln nach sich zieht, wird akzeptiert. Gleichwohl wäre es Reckenholz lieber, wenn von den fünfzehn angebotenen Winterweizensorten nicht bloss Arina so gefragt wäre.

In den siebziger Jahren war jeder Bauer froh, wenn er fünfzig Kilogramm Getreide pro Are ernten konnte, heute sind es sechzig bis neunzig pro Are. Diese traumhaften Ertragsteigerungen sind nicht allein auf die neuen Supersorten zurückzuführen, sondern liegen etwa zur Hälfte an den modernen Anbaumethoden: Monokulturen und grossflächiger Einsatz von chemischen Giften, von Düngemitteln und grossen Maschinen.

Vor der Aussaat werden die Felder als erstes mit Unkrautvertilgern freigemacht. Wachstumsregulatoren bremsen die jungen Pflanzen in ihrem Wachstum, so bleiben die Halme kurz und der Weizen wird standfester. Stickstoffdünger bewirkt mehr Blattmasse und schwereres Korn. Doch dichtere Bestände und kürzere Halme trocknen nach dem Regen weniger schnell ab, das begünstigt das Wachstum von Pilzen. Heute bereits kommt es zu einem oder mehreren Fungizideinsätzen pro Ernte. Die wachstumbegrenzten Pflanzen bleiben länger grün – ideale Bedingung für Blattläuse und andere Schädlinge, weshalb dann Insektizide gespritzt werden müssen.

Und diese Entwicklung geht weiter: Die Krankheiten und Anfälligkeiten nehmen trotz vermehrt verspritzten Giften zu, denn die Natur verändert sich ständig und Schädlinge wie Krankheiten passen sich den neuen Bedingungen an. Es ist dann nur eine Frage der Zeit, bis durch genetische Veränderungen neue Schädlinge entstehen, die auch die bisher resistenten Pflanzen befallen.

In der Schweiz war in den sechziger Jahren der Braunrost eine relativ unbedeutende Krankheit. Heute ist er gefürchtet und trotz massivem Chemieeinsatz nicht zu besiegen – im Gegenteil: die Krankheitsanfälligkeit von Arina gegenüber dem Gelb- und Braunrost steigt jedes Jahr – und die Zahl der Spritzmittel, die den Krankheitserregern nichts mehr anhaben können, nimmt ebenfalls zu. Genauso beim Mehltau, auf den der ehemals widerstandsfähige Arina anfällig geworden ist, weil dessen Erreger sich stark verändert und der Pflanze angepasst haben.

Die Chemie weiss darauf eine Antwort: Es sollen bald ganze «Giftcocktails» auf den Markt kommen, die eine Reihe verschiedener Pestizide enthalten, welche die Schädlinge von mehreren Seiten her angreifen und gegen mehrere Schädlinge zugleich wirksam sind. Die Lösung ist also wiederum ein massiv erhöhter Gifteinsatz – die Folge eine weitere Dezimierung unserer Pflanzen- und Tierwelt.

Um die Jahrhundertwende gab es im Mittelland 1300 wildwachsende Pflanzenarten; heute sind 208 Arten ausgestorben und 177 stark gefährdet. 1870 nisteten in der Schweiz 190 Brutvogelarten – weit mehr als die Hälfte davon sind heute ausgestorben oder bedroht.

Und was sagen die Bauern selbst? Warum zerstört ein Bauer seine eigene Lebensgrundlage, seine Böden? Warum tauscht er seine Rolle vom einst selbständigen Bauern mit jener eines total abhängigen Nahrungsmittelfabrikanten?

Der Landwirt Ernst Derendinger aus Morges (VD) beschreibt in seinem autobiographischen Buch «Der Engerling» die immensen Schwierigkeiten eines Kleinbauern, die ihn schliesslich zum aktiven Widerstand und Engagement in der UPS (Union des Producteurs Suisses) gedrängt haben. Er erzählt mir: «Mein Nachbar ist Pächter und bezahlt sich halb zu Tode an den Kapitalzinsen. Er muss an Ertrag herauspressen, was er kann, einfach um zu überleben. Dass der sich in seiner Weltuntergangsstimmung dann sagt: Fünfzig Kilo Weizen pro Are sind für mich genug, so brauche ich auch weniger Gift – das glaube ich nicht. Der Druck ist riesengross. Da heisst es: Vogel friss oder stirb! Abgesehen davon ist es auch eine Frage der Mentalität: Der Tüchtigste ist der mit dem grössten Ertrag, so wird es auch von den Beratern gelehrt, und: Wer nicht so viel spritzt, ist gegen die offizielle Wissenschaft. Für die meisten Bauern ist Fortschritt so mit Hochleistungsvieh und Arina samt Chemieeinsatz verbunden; sie sind so verbissen darin, dass Änderungen nicht möglich sind. Da bin ich resigniert. Wir sind da völlig entgleist. Die Bauern sind in eine Mentalität versetzt worden, wo keine Grenzen mehr vorhanden sind: immer mehr Gift, immer mehr Erträge, bis der ‹Chlapf› kommt. Dann ist es aber zu spät.»

Bodenunabhängige Produktion: Das Industriegemüse

Rund um Genf wachsen in zehn grossen Gewächshäusern Gurken, Tomaten und Schnittblumen ohne Boden und ohne Sonne heran. Die bodenlosen Kulturen gedeihen auf Steinwolle und werden vom Computer versorgt. Zu jeder Pflanze führt ein dünner Schlauch, der sie mehrmals täglich mit der genau vorprogrammierten Menge Wasser und beigefügten Nährsalzen und Chemikalien versorgt. Auch Temperatur, Luftfeuchtigkeit und Lichtintensität sind prozessorgesteuert. Draussen mag es schneien, drinnen scheint die Sonne, und am heiterhellen Tag kann es plötzlich dunkel werden. Nichts wird in diesen Ganzjahresmonokulturen mehr dem Zufall überlassen; alles ist genau vorausberechnet und wohldosiert und frei von widrigen Umwelteinflüssen.

Wie die Bio- und Gentechniken, mit denen sie unmittelbar nichts zu tun haben, sind diese Steinwollkulturen sehr kostspielig und verlangen grosse Investitionen, weshalb sich hier in Zukunft vor allem finanzstarke Grossbetriebe engagieren werden. Kleinbauern können da nicht mithalten.

In Holland sind Steinwollkulturen längst an der Tagesordnung. Nahezu dreitausend Hektaren werden bodenunabhängig bebaut. Ein Grossteil der Tomaten, Gurken und Peperoni aus dem Norden, die bei uns zwischen Oktober und Mai in den Verkaufsregalen liegen, stammen aus Steinwollkulturen und sind mit Erde und Sonne nie in Berührung gekommen.

Die industrielle Produktion von Gemüse und Blumen dürfte auch in der Schweiz an Bedeutung gewinnen. Noch sind es vor allem Bauern der welschen Schweiz, die den Schritt wagen. Doch Jeanluc Rotschy, Schweizer Vertreter der Steinwollherstellerin Grodania, einer Tochterfirma des dänischen Rock-Wool-Konzerns, meint: «Die Steinwollkultur ist die Technik der Zukunft, denn die herkömmlichen Böden ermüden und sind mit Krankheiten und Schädlingen durchseucht.»

Der Gemüsebauer von einst wird zum Gemüsefabrikanten, dem die computergesteuerte Kontrolle riesiger Gewächshäuser obliegt. Der Boden, «unsere Mutter Erde», war jahrhundertelang das wichtigste Gut der Bauernfamilien und wurde von ihnen umhegt und gepflegt. Nun ist er überflüssig geworden.

Zucker als Treibstoff: Die Überschussverwertung

Massive Ertragsteigerungen in allen Landwirtschaftsbereichen sind die Perspektiven in Europa. Mit den Bio- und Gentechniken werden Pflanzen und Tiere hervorgebracht werden, die enorm viel mehr leisten. Die Computertechnik wird bei der rationellen Produktion und Vermarktung eine wichtige Rolle übernehmen.

Und die Überschüsse? Riesige Butterberge, gefüllte Getreidekammern und billig verramschtes Fleisch sind heute schon längst Tatsache – auch in der Schweiz. Nach Schätzungen der EG produzieren die Bauern im EG-Raum heute rund ein Viertel zu viel Waren. Dank Bio- und Gentechnik werden die Überschüsse noch steigen.

Doch genau an diesem Punkt setzt die Bio- und Gentechnik wieder an. «Erneuerbare Rohstoffe» heisst die neue Losung, die Agrarüberschüsse wegzaubern und Europa gleichzeitig von vielen Rohstoffimporten unabhängig machen soll. Durch bio- und gentechnische Prozesse sollen die überschüssigen Pflanzen in industriell verwertbare Produkte umgewandelt werden.

Zucker und Stärke werden schon heute in industriellem Massstab zu Bioalkohol verarbeitet, vorab in Brasilien und in den USA. Dabei wird Sucrose von Zuckerrohr, Zuckerrüben oder Melasse durch Mikroben zu Bioalkohol vergärt. In Brasilien tanken bereits 95 Prozent aller Autos den Biosprit, eine Mischung aus Benzin und Bioalkohol, und die neu zugelassenen Autos fahren fast ausschliesslich mit dem reinen Bioalkohol. Für dieses ehrgeizige Programm waren gewaltige Investitionen nötig: Von 1975 bis 1980 stieg die Anbaufläche für Zuckerrohr um über siebzig Prozent. Riesige Zuckerrohrmonokulturen ziehen sich über Flächen, auf denen früher Baumwolle, Maniok und Reis gewachsen sind. Gleichzeitig werden ganze Tropenwälder abgeholzt, denn die Anbaufläche für Zuckerrohr soll bis in die neunziger Jahre nochmals verdoppelt werden. Das acht Milliarden Dollar teure Projekt ersetzt Brasilien etwa zwanzig Prozent der gesamten Öleinfuhr. Was dabei aber an ökologischen Katastrophen in Form von erodierten, ausgelaugten Böden und vor allem auch an sozialen Umwälzungen – Tausende von Kleinbauernfamilien werden arbeitslos – in Kauf genommen wird, lässt sich nicht abschätzen.

Solches «Benzin von Bauern», also Biosprit aus Zucker oder Stärke, soll auch in Europa Realität werden. Geplant ist, dass verschiedene Industrien ab 1990 in ganz Europa die energiereichen Pflanzen wie Zuckerrüben und Mais zu Biosprit verarbeiten. Haupthindernis dafür ist vorläufig die europäische Agrarmarktordnung mit ihren garantierten Mindestpreisen. Diese Preise sind so hoch, dass sich eine industrielle Verarbeitung zu Alkohol nicht lohnt. Die EG hat deshalb 1986 beschlossen, Zucker und Stärke zu subventionieren, um sie als Ausgangsstoffe für die Industrie verbilligen zu können. Diskutiert wird in EG-Kreisen auch, ob sich diese «starre» Marktordnung auf die Länge halten lässt, oder ob sie nicht eher dem «freien Spiel der Marktkräfte» weichen soll.

Noch eine ganze Reihe anderer Chemierohstoffe lassen sich mit Hilfe von Mikroben aus pflanzlichen Stoffen herstellen. Sie gewinnen laufend an Bedeutung. Zucker wird in umgewandelter Form in der Kunststoffindustrie als Ausgangsprodukt für manche Kunststoffe gebraucht. Stärke spielt schon heute in der Papier-, Chemie, Textil- und Baustoffindustrie eine Rolle.

Viele Pflanzen wachsen nicht den Bedürfnissen der Industrie entsprechend, das heisst, ihre Chemiestoffe sind nicht optimal zusammengesetzt. Mit der Bio- und Gentechnik sollen pflanzliche Eigenschaften der industriellen Produktion angepasst werden, und dieser Prozess beginnt auf die Herstellung von Nahrungsmitteln selbst überzugreifen.

Die Bio- und Gentechnologie «eröffnet den weltweit operierenden Konzernen die Möglichkeit, standardisierte Produktionsabläufe zu entwickeln, bei denen leicht auf die Erzeugung anderer Produkte oder die Verarbeitung anderer Rohstoffe für das gleiche Endprodukt umgestellt werden kann. So entsteht eine hohe Flexibilität hinsichtlich der Absatzmärkte und der Rohstoffquellen, die je nach Erntemenge, Preis oder politischen Verhältnissen gewählt werden können», stellen Die Grünen der BRD in ihrem Bericht zuhanden der Enquête-Kommission fest. «Der Landwirt gerät zum Rohstofflieferanten, der mit Weizen-, Mais- und Tapiokabauern weltweit in Konkurrenz steht, denn deren Produkte können ebenso gut etwa für die Stärke-Süssstoff-Produktion der Industrie genutzt werden wie seine. Der fortgesetzte Abbau von Arbeitsplätzen in der Landwirtschaft, sowohl in den Industrieländern wie auch in der Dritten Welt, ist bei der notwendigen Ausrichtung auf die Weltmarktpreise eingeplant.» Und: «Die politische und ökonomische Macht der Grosskonzerne, die vom Saatgut und Pestizid bis zur Fertigmahlzeit den Markt beherrschen, erreicht neue Dimensionen.»

CLAUDIA ROTH

Die Swatch-Kuh

«Der Herrgott hat schon gewusst, weshalb er die Kuh so geschaffen hat, dass sie pro Jahr nur ein Kalb gibt und nicht zehn», sagt Christian Candrian. Candrian lebt in Duvin (GR), einem kleinen Dorf knapp unterhalb der Waldgrenze im Valsertal, und züchtet mit seinem Bruder Vieh wie schon sein Vater und sein Grossvater. Alles habe sich in ihm gesträubt, als er vom Embryo-Transfer gehört habe. Wie das genau funktioniert, hat er erst später erfahren, als der Bündner Bauernverband dem Unwissen talauf, talab Anfang 1986 mit Orientierungsversammlungen entgegengetreten ist.

Candrian besuchte damals die Veranstaltung in Villa. Im vollen Säli erläuterte ein Lehrer von der Landwirtschaftsschule Plantahof mit Lichtbildern und einer Videoproduktion den etwa fünfzig Bauern die Technik: Die als Embryonen-Spenderin ausgewählte Kuh erhält während vier bis fünf Tagen täglich zwei Hormonspritzen, worauf bis zu vierzig Eizellen reifen. Sobald die Kuh brünstig ist, wird sie innerhalb von 24 Stunden dreimal künstlich besamt, um möglichst alle gesprungenen Eizellen zu befruchten. Sieben Tage später werden im Durchschnitt zehn bis zwölf Embryonen, kurz bevor sie sich in der Gebärmutter einnisten, ausgespült und unter dem Mikroskop auf die laufende Zellteilung hin begutachtet. Zur gleichen Zeit wie die Spenderkuh werden die Empfängerkühe hormonell behandelt und so auf den gleichen Zyklus gebracht, damit sie die Embryonen annehmen. Diese Kühe sind selber «züchterisch wertlos», bieten den eingepflanzten Embryonen aber den Schoss bis zur Geburt, weshalb sie auch «Verpackungstiere» genannt werden. Embryonen können auch tiefgefroren warten, bis sie einer Kuh zur Austragung eingesetzt werden.

Der Referent damals in Villa sprach über das Für und Wider der Embryonen-Übertragung: Nachteile seien, dass der Eingriff bei der Spenderkuh hie und da zu hormonellen Entgleisungen führe, dass das Verfahren der Inzucht Vorschub leiste und ethische Fragen aufwerfe. Anderseits könnten die Stierenmütter streng selektioniert, wertvolles Erbgut schnell vermehrt, Erbfehler bei Besamungsstieren rasch nachgewiesen werden. Mit schwachen oder mittelmässigen Kühen als «Verpackungstieren» liessen sich gute Rinder produzieren, was der Berglandwirtschaft wieder Auftrieb zu geben vermöge. Ein Embryo-Transfer kostet allerdings etwa 1300 Franken. Dies brachte eine Arbeitsgruppe des Bündner Bauernverbandes auf den Gedanken der «Genossenschaftskuh»: Eine Genossenschaft kauft eine Spitzenkuh, deren ausgespülte Embryonen per Stück an die Bauern verteilt werden können.

«Ich habe während des ganzen Vortrages geschwitzt, bin fast verplatzt vor Wut», erzählt Candrian, «bin aufgestanden und habe gesagt: ‹Heute ist der Bauer einfach naturfeindlich geworden. Wenn's mit dem Portemonnaie stimmt, macht er alles mit!› Und zum Vortragenden hab ich gesagt, mir wäre es nicht wohl, erzählen zu müssen, was er da erzähle. Da sagte er, ihm sei's auch nicht immer wohl bei der Sache, aber man dürfe eben nicht den Zug verpassen.»

In der Gasetta Romontscha hiess es dann, die Bauern begrüssten die neue Technik. Sofort schrieb Candrian einen Leserbrief und berichtigte; und er telephonierte seinem Freund, dem Tierarzt Alexander Maissen in Ilanz: «Komm, wir machen was dagegen.» Zusammen mit Pfarrer Ulrich Caflisch gründeten sie im Juni 1986 die Aktionsgemeinschaft gegen den Embryo-Transfer, der inzwischen über 200 Mitglieder angehören. Im Bündner Bauernverband konnten sie im Januar 1987 durchsetzen, dass die Embryonen-Übertragung «vorläufig nicht weiterverfolgt» wird.

Stierensamen im Kofferraum

Der Embryo-Transfer ist gegenwärtig die neueste Zuchttechnik, mit der nun auch die weibliche Erbhälfte des Viehs gezielt für die Leistungszucht eingesetzt werden soll. Mit der männlichen, dem Stierensperma, wird in der Schweiz seit gut fünfundzwanzig Jahren hantiert. Die um die Jahrhundertwende in Russland entwickelte künstliche Besamung (KB) wurde anfänglich verwendet, um Krankheiten zu bekämpfen, die beim «Natursprung», der natürlichen Besamung, übertragen werden.

Doch bald wurde der Wert der künstlichen Besamung für die Leistungszucht erkannt – die guten Kühe werden mit ausgewähltem Stierensperma besamt. Nach dem Zweiten Weltkrieg war diese Technik in den USA und Europa schon weit verbreitet. In der Schweiz wurde sie 1961 eingeführt – reichlich spät, wie heute mit Seitenblick auf den Embryo-Transfer betont wird: Diesen Fehler dürfe man nicht nochmals machen.

Die Gegnerschaft war damals gross, vor allem in den Bergen, denn die künstliche Besamung zerstörte die traditionelle Stierenzucht der Bergbauern. Candrian erinnert sich an eine Versammlung des Bündner Oberländer Bauernvereins jener Zeit. Der Vorstand habe dazu aufgerufen, man solle als Zuchtbuchführer die Anmeldeformulare für die künstliche Besamung an die Bauern verteilen. «Macht es wie ich», sagte damals Candrian zu seinen Kollegen im Saal, «werft die Formulare ins Öfe-Röhrli.» Er und sein Bruder sind heute die letzten im Dorf, welche die künstliche Besamung ablehnen, und trotzdem liegen sie erfolgreich an der Spitze der Genossenschaft.

«Wir haben mit Genossenschaftsstieren weitergezüchtet», erzählt Candrian. Ursprünglich ging der Stier reihum, blieb in diesem Stall ein paar Tage, dann in jenem; später sorgte ein Bauer einen Winter lang für den Stier, die andern kamen mit der Gerste vorbei und «führten die Kuh hier auf der Strasse, zwischen den Häusern, wenn sie nicht vereist war. Die Kinder haben zwei-, dreimal zugeschaut und kannten es dann auch».

Das dauerte, «bis sich unsere Jungen in der Landwirtschaftsschule beeinflussen liessen. Hat mal eine Kuh von unserem Stier fehlgeschlagen, dann meinten sie gleich: So, jetzt müssen wir auch künstlich besamen, susch falled-mer hinder de Wa-gä-n-abe.»

Heute werden über achtzig Prozent der Schweizer Kühe und Rinder (geschlechtsreife Kälber) künstlich besamt. Die künstliche Besamung ist ein Element der industrialisierten Landwirtschaft: damit begann die Rationalisierung der Zuchtprogramme, denn sie ermöglicht, mit nur wenigen Stieren, deren Sperma breit gestreut wird, zu züchten. Ein guter Stier hat so etwa 20000 Nachkommen; sind genügend Spermadosen angelegt worden und ist die Nachfrage gross, so können es auch 40000 oder mehr sein. Zum Vergleich: Ist die Nachfrage nach einem Genossenschaftsstier gross, so bringt er es auf 200 Nachkommen. Ob ein Stier es wert ist, so viele Nachkommen zu zeugen, wird mit der Nachzuchtprüfung entschieden. Die Leistungen seiner ersten hundert Töchter werden verglichen, Milchmenge und Fettgehalt ihrer Milch, ihre Fruchtbarkeit, Gesundheit usw. begutachtet.

Natürlich wird zuallererst geprüft, ob sein Sperma überhaupt gefriertauglich ist. Falls nicht, wird er seinem ursprünglichen Eigentümer zurückgegeben oder sogleich geschlachtet. Andernfalls lebt er gut drei Jahre, solange nämlich, bis er seine 40000 Spermadosen abgegeben hat, zweimal wöchentlich ein Sprung. Wenn das Testergebnis seiner Töchter vorliegt, ist der Stier schon knapp drei Jahre tot. Je nach Resultat wird das tiefgefrorene Samendepot freigegeben oder vernichtet; 40 der 200 getesteten Stiere bestehen jährlich die Prüfung.

Erst die 1966 in der Schweiz eingeführte Samen-Gefriertechnik ermöglichte zum einen die Nachzuchtprüfung, zum andern in grossem Massstab Einkreuzungen hiesiger Kühe mit nordamerikanischen Milchrassen, was markante Leistungssteigerungen brachte. In Ampullen verpacktes Sperma, etwa der auf Milchleistung hochgezüchteten Brown Swiss, wird aus den USA eingeflogen – Schweizer Braunvieh, das im letzten Jahrhundert nach Übersee verschifft worden war. Die

Besamungstechniker der drei schweizerischen KB-Stationen Mülligen (AG), Neuenburg und Bütschwil (SG) fahren auf einen Telefonanruf hin zu den Bauern, im Kofferraum Spermadosen in- und ausländischer Stiere und fragen: «Wellä wotsch?»

Eingepackt in Plastikkleider und Gummistiefel, um die Stiere nicht zu infizieren, machen der Betriebsleiter Andreas Flückiger und ich einen Rundgang durch die drei grossen Ställe von Mülligen. Hundert Stiere dicht beieinander schnaufen und scharren, einer beginnt zu muhen, steckt andere an, bis es gewaltig durch den Stall dröhnt. Ein mächtiges Tier fällt mir auf, verglichen mit den anderen ein Koloss: Der Braune «Farmer» ist schon neunjährig! Als Privatstier eines Mitgliedes der Stierenhaltervereinigung des Braunviehzuchtgebietes lebte er eben noch, als die Nachzuchtprüfung ihn als einen der Besten auswies. Inzwischen hat «Farmer» in Mülligen 70000 Spermadosen deponiert und wird weiterhin zweimal wöchentlich abgesamt.

Die Braunvieh-Stierenhalter haben sich 1980 mit dem KB-Verband und dem Schweizerischen Braunviehzuchtverband vertraglich verbunden, um ihre Stiere auf die Nachzucht hin prüfen lassen zu können, denn nur ausgewiesene Stiere sind auf dem Markt gefragt: «Die Macht der Wirtschaft ... wir hätten sonst aufgeben müssen», meint ihr Präsident Anton Mannhardt. Er ist stolz, dass die Privatstiere bei der Nachzuchtprüfung überwiegend besser abschneiden als jene des KB-Verbandes, werden sie doch mit dem Natursprung gezüchtet. Da staune selbst die Wissenschaft. Während ein KB-Stier wegen der Leistung seiner Töchter ausgewählt wird und im Computer nur quantifizierbare Leistungsmerkmale der Töchter registriert werden, wie Milchmenge, Fettgehalt, Fruchtbarkeit, Milchfluss pro Minute, schaue der Stierenhalter auch auf den Stier selbst, beobachte ihn ganz genau: Hat er einen schönen Körper? Gefällt das Tier? Ist er ein adeliger mit einem guschtigen Grind und schön geschwungenen Hörnern? Elegant? Mit Charakter? «Die neue Wissenschaft hat alles abgeschafft, was noch schön ist; allein Milch und Fleisch im Kilo bringen Geld. Deshalb kann man die Hörner absägen, die Kuh kann weiss oder schwarz sein – Hauptsache, sie gibt Milch!»

Am meisten Milch im ganzen Land geben die Schwarzflekken des Bauern Ueli Baumberger und seines Vaters Adolf; schon viermal sind sie Schweizer Meister geworden. Im Stall – die Kühe sind Besuch gewohnt – hält Adolf Baumberger mir mit lauter Stimme einen Vortrag über die richtige Fütterung. Die Kuh macht aus Gras Milch, also ist die Frage: «Wie bring' ich möglichst viel Rauhfutter in ihren Ranzen?» Je reichhaltiger eine Kuh gefüttert wird, um so mehr frisst sie, «das ist doch bei uns auch so!» Deshalb muss das Gras trocken sein und nicht «ggület», das Heu hingegen frisch vom Stock kommen, da die Kuh beim Kauen sonst zu schnell ermüdet; alles wird angereichert und «gluschtig gmacht» mit Kraftfutter (Mais, Futterrüben, Getreide, Soja), nicht zuviel und nicht zuwenig.

Züchterisch seien alle Rassen gut entwickelt, meint Baumberger, doch der Bauer verstehe die Kühe eben nicht richtig zu füttern; deshalb gebe die Schweizer Kuh erst um die 5500 kg Milch im Jahr, nur um die Hälfte mehr als vor 25 Jahren. Seine Kühe geben im Schnitt 9345 kg Milch und auch für 1986 erwartet er wieder eine Leistungssteigerung von 300 kg. Die «Lerche» ist seine wirtschaftlichste Kuh. Die hat er noch nie schlafen gesehen, sagt er, «sie frisst dauernd».

Gestresste Tiere, gestresste Bauern

Die Hochleistungskuh sei wie ein Rennwagen, erklären mir die einen ernsthaft, der reagiere auf Störungen auch sensibler und heftiger als ein Volkswagen. Ein gutes Management des Betriebsleiters sei da wichtig, um die Störungen früh zu erkennen und rechtzeitig eingreifen zu können.

Den Rennwagen können sich die Kleinen nicht leisten: Täglich müssen drei bis vier Schweizer Kleinbauern ihren Hof aufgeben, während die für Schweizer Verhältnisse grossen

Höfe mit über zwanzig Hektaren, welche eine industriell organisierte Landwirtschaft erlauben, zunehmen. Es sei ökologisch besser, wenn die heutige Milchmenge statt mit jetzt 820000 Kühen mit 600000 produziert werde, meint der Gentechniker Rudolf Fries, selbst ursprünglich ein Kleinbauernsohn aus dem Luzernischen. Alle Leistungsexperten lehnen sich selbstzufrieden zurück, sobald sie «grün» argumentieren. Die technisch-biologisch erzielte Leistungssteigerung bedeute eben, dass immer weniger Bauern nötig sind, um die notwendigen Lebensmittel zu produzieren. «Wer besser zu bauern versteht, soll sich durchsetzen», sagt Fries, «das ist eine gesunde Konkurrenz.»

Während die einen von ihren «Rennwagen» träumen, verbringen andere schlaflose Nächte. Sie reden von ihren kranken, überforderten Tieren. Durch das einseitige Zuchtziel – es gilt, das Maximum an Milch aus der Kuh herauszuholen – werden viele Kühe an ihre physische Leistungsgrenze getrieben. Stoffwechselkrankheiten sind häufig, da zugunsten einer forcierten Milchleistung die körpereigenen Reserven abgebaut werden; oft erkranken die Kühe an entzündetem Euter mit hohem Fieber und an Klauenleiden.

«Als ich vor dreissig Jahren hier im Bündner Oberland mit meiner Arbeit begann», erzählt der Tierarzt Maissen, «hatte ich sehr wenig mit Stoffwechselkrankheiten und Fruchtbarkeitsstörungen zu tun, heute aber jeden Tag!» Die Tiermedizin ist inzwischen fester Bestandteil der Leistungszucht geworden. Was die Bauern sehr beschäftigt, sind die immer häufiger auftretenden Fruchtbarkeitsstörungen. Die Kühe nehmen schlechter auf, d. h. die befruchteten Eizellen nisten sich nicht in der Gebärmutter ein; sie haben oft Verwachsungen an den Eierstöcken, und der Bauer erkennt nur mit Mühe, ob die Kuh brünstig ist. «Immer mehr Bauern sagen sich: Es muss wieder ein Muni in den Stall – der merkt sofort, ob die Kuh stierig ist!» erzählt Maissen. Und auch Schweizer Meister Baumberger hat wieder einen Muni, «als Notlösung».

Die häufigen Fruchtbarkeitsstörungen sind ein klares Indiz für die Leistungsüberforderung der Kühe. «Hohe Milchleistung und Fruchtbarkeit, Produktion und Reproduktion, beginnen ab etwa 6000 kg Milch im Jahr zu rivalisieren», sagt Konrad Zerobin, Professor für Zuchthygiene in Zürich. Obwohl Vertreter der Gesellschaft Schweizer Tierärzte in der Aufsichtskommission der Arbeitsgemeinschaft für Embryo-Transfer, ist er einer der wenigen Fachleute, welche die Leistungszucht heute skeptisch beurteilen. Es sei eine biologische Grundwahrheit, dass beim durch Stress belasteten Organismus die Fortpflanzungsfähigkeit aussetzt.

Geschlachtet werden die Kühe nicht in erster Linie aus Altersschwäche, sondern wegen Unfruchtbarkeit – etwa ein Drittel –, Euterentzündungen und Stoffwechselstörungen. Früher konnte eine Kuh fünfzehnjährig werden, heute wird sie im Schnitt noch sechs bis sieben Jahre alt. Nach den ersten drei Jahren, in denen der Bauer ein Kalb aufzieht und dabei etwa 5000 Franken ausgibt, kann er die Kuh so statt zwölf nur noch etwa vier Jahre nutzen. Die Vereinigung für naturgemässe Braunviehzucht züchtet daher auf die «Milchlebensleistung» der Kuh. Ihr Ziel ist eine konstitutionell starke, gesunde, langlebige Kuh, die allein aus Heu und Gras im Jahr 5000 bis 6000 kg Milch gibt und dabei etwa neunjährig wird.

Genetische Verengung und Inzucht

Neben den häufigen Krankheiten ist auch die genetische Verengung* eine Folge der Leistungszucht, was die Zuchtverbände jedoch herunterspielen: Das sei kein Problem, die Zucht könne jederzeit mit neuen Blutlinien aufgefrischt werden, indem man Tiere anderer Stämme oder Rassen einkreuzt. In der Theorie mag dies zutreffen – allerdings, die Praxis sieht anders aus: Jährlich stehen der einen Million Schweizer Kühe und Rinder 120 neugeprüfte Stiere verschiedener Kategorien gegenüber. Von diesen sind nur jene stark gefragt, die im Stierenkatalog als hervorragend angepriesen werden, während die übrigbleibenden Samendosen nach einer Weile als «züchterisch überholt» vernichtet werden.

Die Rassen selbst beruhen auf wenigen Blutlinien. Sämtliches in der Schweiz angepaartes Brown-Swiss-Blut lässt sich auf *einen* US-Stier zurückführen. Das Braunvieh beruht auf fünfzehn Linien, wobei diese Zahl trügerisch ist, da einzelne Seitenäste besonders intensiv benutzt werden, erklärt mir der Stierenhalter Mannhardt: «Ein leistungsstarker Stier muss aus der ‹Königsfamilie› abstammen, also väterlicher- und mütterlicherseits von Supertieren; und die Stars gehören alle zur selben Blutlinie, die eben auf die gewünschte Leistung hochgezüchtet wurde.» Damit erhöht sich der Inzuchtgrad: Erbfehler, wie sie jedes Tier hat, beginnen in diesem Stadium häufiger aufzutreten. Eine Blutauffrischung mit Tieren ohne Abstammungsausweis würde demgegenüber die Zuchtleistung gefährden.

Zu Zeiten des Genossenschaftsstiers beschäftigte eine auftretende Krankheit nur die betroffenen Bauern einer Region. Der Stier wurde ersetzt. Heute verbreitet sich eine Krankheit interkontinental, wie die 1984 in der Schweiz erstmals aufgetretene Spinnengliedrigkeit, die auf den US-Stier «Beautician» zurückgeführt werden kann. Die Föten haben lange, dünne, verkrümmte Beine und müssen als lebensunfähige Kälber vom Tierarzt aus der Kuh herausgeholt werden. Schätzungsweise vier Prozent des eingekreuzten Braunviehs trägt das für die Krankheit verantwortliche Gen, das rezessiv wirkt, also nur, wenn es Stier wie Kuh gemeinsam im Erbgut haben.

Die genetische Verengung wird mit der Zeit kaum mehr rückgängig zu machen sein, da mittlerweile in den meisten Ländern auf Hochleistung gezüchtet wird, wodurch einzelne Rassen und Blutlinien ganz verdrängt werden. In der Schweiz lebten Anfang Jahrhundert unter anderem noch das Adelbodnerrind, das Zwergrind von Feldis/Scheid, das Rhätische Grauvieh und bis in die sechziger Jahre die Freiburger Schwarzflecken. Und es wurden früher in den verschiedenen Regionen unterschiedliche Schläge einer Rasse gezüchtet: Es gab den Obwaldner-, den Sarganser-, den Prättigauer-, den Appenzeller-Schlag der Braunviehrasse mit je ihren Eigenheiten, unterschiedlichen Zeichnungen und Hörnern.

Heute werden das Rhätische Grauvieh und die Hinterwäldler mit Hilfe der Pro Specie Rara wieder gezüchtet. Diese 1982 gegründete Stiftung engagiert sich für vom Aussterben bedrohte Tiere und Pflanzen. In die Zuchtpolitik einmischen will sie sich jedoch nicht, erklärt ihr Präsident Hans-Peter Grünenfelder: «Wir wollen einfach ein Hintertürchen offen lassen, ähnlich einer Genbank, mit dem Unterschied: Wir erhalten die Lebewesen selbst, nicht nur ihr Genmaterial.»

Wirtschaftlich sind die Resistenten

Die Gentechnik hat vor, all diese durch die Leistungszucht bedingten Schwächen wieder auszubügeln. Die Gendiagnostik – beim Grossvieh noch nicht machbar – ist in der Schweinezucht schon Praxis. Die Schweine sind sehr sensible Tiere, auf die industrielle Massentierhaltung reagieren sie mit Herzinfarkten. Auch anderweitig hat das Schwein kein Schwein gehabt: Die Konsumenten und Konsumentinnen mochten die Fettschwarte nicht, so wurde die Rückenmuskelfettauflage weggezüchtet, die Schutzschicht der Sau. Die Sau reagierte gestresst, fiel oft einfach um, tot, ganz unwirtschaftlich. Der Genabschnitt, der für die Stressempfindlichkeit und die Fleischqualität beim Schwein bestimmend ist, wurde im Rahmen eines internationalen Forschungsprogrammes von einer Forschergruppe unter Gerald Stranzinger der ETH Zürich identifiziert. Seit 1981 werden die Hochleistungseber mit Hilfe einer Blutuntersuchung auf diese wirtschaftlich wichtigen Eigenschaften hin selektioniert. «Interessant wird es natürlich, wenn wir das Genprodukt, also das Protein finden, das den Stress auslöst», erläutert mir Stranzinger, denn dann könnte man Antikörper entwickeln, die jenes Protein abblocken. «Ein Medikament gegen den Stress könnte man erzeugen, das nicht nur dem Tier, sondern auch dem Menschen hilft. Allerdings ist das noch eine Zukunftsvision.»

Da das Grundprinzip der Erbsubstanz bei Menschen, Tieren, Pflanzen und Bakterien dasselbe ist, sind die Grenzen der gentechnischen Forschungs- und Anwendungsbereiche fliessend. 1985 waren beim Menschen 1500 Gene auf den Chromosomen lokalisiert, beim Rind hingegen erst vier. An der ETH Zürich werden nun jene Gene des Rindes identifiziert, die Leistungseigenschaften wie die Milchproduktion oder das Wachstum steuern oder die für Resistenzen gegen gewisse Krankheiten, Schwächen und ungünstige Umwelteinflüsse verantwortlich sind. Der die Forschung leitende Gentechniker Rudolf Fries hofft, jene Gene zu finden, welche für die Immunabwehr des Euters zuständig sind; damit könnte den häufigen Euterentzündungen entgegengezüchtet werden. «Solche Erkenntnisse lassen sich leicht in die herkömmlichen Zuchtprogramme einfügen.»

Anfang 1987 ist in den USA das erste gentechnisch hergestellte tierische Wachstumshormon – das Somatotropin – für den Markt freigegeben worden. Als arteigener Stoff wird es auch bei höheren Dosen innerhalb von Stunden im Körper des Rindes abgebaut; in der Milch lässt es sich nicht nachweisen. Bei Milchkühen brachte das Somatotropin eine Leistungssteigerung von fünfzehn bis zwanzig Prozent, was mit Zuchtmethoden nach Schätzungen von US-Agrarexperten etwa zwanzig Jahre beanspruchen würde.

In der Schweiz dürfen zur Leistungssteigerung keine Hormone eingesetzt werden. Doch sobald solche gentechnischen Produkte zugelassen würden, hätten sie eine «enorme Bedeutung für die Tierzucht», prognostiziert ein Forscher des Berner Tierzuchtinstituts, wo inzwischen spezifische Wachstumshormone des Rindes untersucht werden.

Die Kenntnis der Gene ist die Voraussetzung, um sie manipulieren zu können. Mit Genübertragungen wurde bisher vor allem bei Mäusen experimentiert. In den vergangenen Jahren sind diese Versuche erstmals auf die technisch schwieriger zu handhabende DNS von Kaninchen, Schafen, Schweinen und vereinzelt auch von Rindern ausgedehnt worden. Auch hier richtet sich das Interesse auf jene Gene, die für das Wachstum und für Krankheitsresistenzen verantwortlich sind. Die Produkte dieser Forschung werden «transgene Tiere» genannt.

Einen Vorgeschmack auf die Landwirtschaft 2000 gibt Stranzinger bei seinen Vorträgen, wo er das Publikum mit der «transgenen Kuh» vertraut macht, mit der Kuh, die Medikamente produziert: Das menschliche Gen beispielsweise, welches Human-Albumin (Eiweiss im menschlichen Blut, aus Spenderblut gewonnen) produziert, würde in die Vorkerne des Embryos eingebaut und müsste dann in den Milchdrüsenzellen der heranwachsenden Kuh zum Funktionieren kommen. Die Kuh wird zum Bioreaktor. «Sie lebt damit wie jede andere Kuh, grast auf der Weide. Der Bauer gibt die Milch einfach statt bei der Molkerei bei der Pharmaindustrie ab.»

Embryonen im Glas

«Der Embryo-Transfer ist heute aktuell, morgen wird es schon etwas Neueres sein: Einsatz von neuen Hilfsstoffen, Geschlechtsbestimmungen oder gar Tiere mit gentechnologisch verbesserten Erbanlagen», schreibt der Tierzuchtprofessor Niklaus Künzi in seinem Aufsatz «Mut zu Neuem!». Er präsidiert die Aufsichtskommission der Arbeitsgemeinschaft für Embryo-Transfer (AET) seit deren Gründung 1980. Künzi ist überzeugt: «Analog zur ‹Swatch› lässt sich eine ‹Swiss-Muh› bestimmt nur mit neuen Techniken und nicht mit alten Bräuchen erzeugen!»

Mit den neuen Techniken – dem Embryo-Transfer und der künstlichen Befruchtung im Glas – wurde bei Frauen und Kühen gleichzeitig experimentiert. Während die Embryonen-Übertragung in den USA schon Ende der siebziger Jahre kommerzialisiert werden konnte, gelang sie bei Frauen erst Anfang der achtziger Jahre. Hingegen scheint die In-Vitro-Befruchtung* bei Frauen technisch einfacher durchführbar zu sein als bei Rindern.

Mit dem Embryo-Transfer soll das «züchterisch wertvolle» weibliche Genpotential genutzt werden. Die AET rechnet in einem Bericht vor: Kann eine Kuh herkömmlicherweise nach acht Jahren nur acht Töchter und Töchters-Töchter haben, so kann eine Kuh, von der zehn weibliche Embryonen gewonnen werden, nach acht Jahren 10000 weibliche Nachkommen haben. Erbmaterial kann zudem verdoppelt werden, indem ein Embryo im Zweizellstadium geteilt wird und sich als eineiiger Zwilling entwickelt. Die AET hat diese Technik 1984 erprobt, entwickelt sie jedoch vorläufig nicht weiter. Sobald die technische Befruchtung im Glas, die In-Vitro-Befruchtung, beim Rind gelingt, ist es auch kein Verlust mehr, wenn eine Hochleistungskuh geschlachtet werden muss. In ihrem Eierstock liegen bis zu 300000 Eizellen, die mit dieser Technik nach ihrem Ableben noch genutzt werden können. Eine von der chemischen Industrie finanzierte Forschungsgruppe der ETH Zürich arbeitet an diesem Projekt.

In Frankreich und England ist die Grossindustrie in die Rinderzucht eingestiegen, in den USA hat sich der Embryo-Transfer zu einer verbreiteten Zuchttechnik entwickelt, die Schweiz steckt noch in einer Vorphase, denn all diese neuen Techniken müssen die Fachleute jeweils einüben: 1986 behandelte die AET 130 Kühe und erreichte 325 Trächtigkeiten im kommerziellen Programm. Die einzige Konkurrenz für die AET ist die kleine Privatfirma Embrygen in der Welschschweiz, die billiger arbeitet und ebenso viele Trächtigkeiten erreicht. Doch im ganzen gesehen ist die Anwendung dieser Methode wirtschaftlich wenig interessant: Noch zu viele Kühe «entgleisen» nach der Hormonbehandlung – sie geben danach weniger Milch oder auch gar keine mehr, sind häufig unfruchtbar und müssen geschlachtet werden. Kaum jeder zweite aufgetaute Embryo nistet sich in der Gebärmutter ein. Erst eine erfolgreiche Gefriertechnik, kombiniert mit der Geschlechtsbestimmung – auch diese kann noch nicht kommerziell genutzt werden –, wird den Embryohandel ermöglichen.

Der Embryo-Transfer als pièce de résistance

Der Widerstand der Bauern gegen die Embryonen-Übertragung beginnt sich vom Bündnerland her über die ganze Schweiz auszuweiten. Die Organisationen der kleineren Bauern und die Zuchtverbände, welche aus dem offiziellen Zuchtprogramm ausscheren, haben dagegen Stellung bezogen. Im Parlament ist im Juni 1987 eine vor allem von Landwirtschaftsvertreterinnen und -vertretern getragene Motion zur gesetzlichen Regelung des Embryo-Transfers bei Nutztieren eingereicht worden. Und der Vorstand der Vereinigung zum Schutz der kleinen und mittleren Bauern (VKMB) schlägt an dessen Hauptversammlung im Februar 1988 vor, den Widerstand gesamtschweizerisch zu organisieren.

Die Bauern wehren sich gegen die grenzenlos weitergetriebene Leistungssteigerung; jegliches Verantwortungsgefühl gegenüber der Schöpfung und den kommenden Bauerngenerationen fehle. «Das Gewissen der Verantwortlichen ist vermutlich unter ihren Stiefelsohlen zu suchen», sagt Candrian. Die neuen Zuchtmethoden sind für ihn eine «reine Bauernverdummung: Der junge Bauer kann schon heute keinen Stier mehr beurteilen, da er keine Stiere mehr sieht. Ohne Experten im Stall wird die Kuh nicht mehr trächtig, weil der Bauer nicht mehr erkennen kann, ob sie brünstig ist. Mit dem Embryo-Transfer kann nun auch die Unfruchtbarkeit, die signalisiert, dass etwas falsch läuft, umgangen werden. Am Schluss fallen die Tiere tot um, und auch die Experten werden nicht wissen, warum.»

Prompt sind die Befürworter aufs Leisetreten umgeschwenkt, man dürfe dem Image der Landwirtschaft nicht schaden. In den Vordergrund gestellt wird nun, dass mit dem Embryo-Transfer die Spinnengliedrigkeit – bereits ein Resultat der Inzucht – auch wieder ausgemerzt werden könne. Weiter betonen die Befürworter, die Embryonen-Übertragung solle sich nicht zu einer breit angewandten Zuchttechnik entwickeln, sondern allein bei ausgewählten Spitzentieren verwendet werden. Man dürfe jedoch den züchterischen Anschluss nicht verpassen, jetzt, wo die Schweiz endlich aufgeholt habe. Sobald die Gefriertechnik verbessert und die Geschlechtsbestimmung möglich sei, werde auch die Berglandwirtschaft davon profitieren. Die landwirtschaftlichen Produktionskosten liessen sich senken, was allein den Konsumenten diene. Der Bauer müsse unternehmerisch denken lernen. Klar werde er noch abhängiger, aber das seien wir alle. Mit dem selbständigen Bauern ist es endgültig vorbei!

Vor Jahren sahen sich die von internationaler Konkurrenz und Arbeitslosigkeit bedrohten Uhrenarbeiter mit derselben Propagandalawine konfrontiert wie heute die Bauern: Nur eine neue Technologie – Sinnbild dafür wurde die «Swatch» – könne der Uhrenindustrie wieder Auftrieb geben und Arbeitsplätze sichern. Heute wissen wir Bescheid: «Swatch»-Uhren werden vollautomatisch hergestellt, die qualifizierten Uhrenarbeiter sind durch Putzpersonal und einige wenige Software-Spezialisten abgelöst worden.

Davon spricht Tierzuchtprofessor Künzi, wenn er schreibt: «Analog zur ‹Swatch› lässt sich eine ‹Swiss-Muh› bestimmt nur mit neuen Techniken und nicht mit alten Bräuchen erzeugen!»

MONIKA LEUZINGER UND

BIGNA RAMBERT

«Ich spür' es – mein Kind ist gesund»

Von schwangeren Frauen, die sich mit dem aktuellen genetischen Testangebot (siehe Anhang S. 194) auseinandersetzen müssen, wollten wir erfahren, *wie* sie dies tun.

Wir beide sind vor kurzem als über fünfunddreissigjährige Mutter geworden und haben, obwohl wir der Risikogruppe «alte Gebärende» angehören, die Fruchtwasserpunktion * abgelehnt. Den schwangeren Frauen über fünfunddreissig wird von ärztlicher Seite die genetische Untersuchung des Embryos routinemässig empfohlen. Daher wählten wir für unsere Gespräche über pränatale genetische Diagnostik ausschliesslich schwangere Frauen dieser Altersgruppe.

Die Interviews, die wir führten, sind in keiner Weise soziologisches oder gar statistisches «Material», sie sind als vertiefte Erfahrungsberichte zu verstehen. Wir möchten allen Frauen, die sich uns zur Verfügung stellten, herzlich danken – danken für ihre Offenheit und ihre Bereitschaft, teils schmerzliche Erlebnisse nochmals aufzurollen.

Wir führten Gespräche mit zehn Frauen aus der ganzen Schweiz, aus ländlicher sowie städtischer Umgebung und von unterschiedlicher sozialer Herkunft. Vier der zehn Frauen erwarteten das erste Kind, jedoch waren nicht alle zum ersten Mal schwanger; die andern sechs erwarteten ihr zweites oder drittes Kind. Sechs der Frauen haben eine genetische Untersuchung bejaht, eine von ihnen erhielt ein positives Testresultat: in der 20. Schwangerschaftswoche wurde bei ihrem Kind eine Trisomie 21 * (Down-Syndrom oder Mongolismus) festgestellt, und sie entschied sich darauf für einen Schwangerschaftsabbruch. Eine andere dieser sechs Frauen ist Mutter eines vierjährigen Mädchens mit einer Trisomie 21 und war zur Zeit des Gesprächs mit dem dritten Kind schwanger.

In unseren Interviews wollten wir den Beweggründen auf die Spur kommen, die eine Frau veranlassten, zum Test ja oder nein zu sagen. Dabei konnten wir erfahren, dass das Angebot der genetischen Tests schwangere Frauen psychisch erheblich beeinflusst. Beinahe alle wussten schon vor ihrer Schwangerschaft über die Testmöglichkeiten Bescheid, und alle wurden in den Schwangerschaftskontrollen damit konfrontiert.

Die nachfolgenden Überlegungen und Gedanken haben sich in vielen, teils heftig kontrovers geführten Diskussionen über das reichhaltige Material unserer Gespräche herauskristallisiert. Sie sind ein Konzentrat aus unserer Begegnung mit diesen zehn Frauen, aus eigenen Erfahrungen und der Diskussion in der linken Frauenszene.

Es gibt kein Entrinnen

> «Die Möglichkeit der genetischen Untersuchung wird einem fast gratis ins Haus geliefert, man muss sich darüber gar nicht mehr viele Gedanken machen»,

sagt Sereina, die Zwillinge erwartet. Sie hatte sich zur Durchführung des Tests entschieden.

Mit der Selbstverständlichkeit, mit welcher die pränatale genetische Diagnose in breiten Kreisen bejaht wird, sei es in den Medien, oder sei es von Bekannten, waren die meisten Frauen konfrontiert:

> «Ich fühlte mich in einer schaurigen Zwickmühle, rundherum hörte ich: Hast du jetzt die Untersuchung gemacht? Du musst unbedingt, wenn es diese Möglichkeit schon gibt ... Und falls du dann ein behindertes Kind hast? Du hast doch schon zwei Kinder, du musst auch an sie und an deinen Mann denken! Furchtbar, was da alles kam, von meiner Familie, von meinen Bekannten. Ich habe nur ganz wenige Frauen getroffen, die den Test nicht nötig fanden»,

erzählt uns Livia. Sie entschied sich schliesslich unter dem Druck ihres Ehemannes und des Spezialarztes zur Durchführung des Tests:

> «Ich habe mit meinem Hausarzt über die Fruchtwasserpunktion gesprochen, da ich in diesem Jahr sechsunddreissig werde. Er fand es nicht unbedingt nötig. Aber mein Mann meinte, wenn solche Untersuchungen als Möglichkeit schon da seien, dann sollte man sie eigentlich benützen.»
>
> «Wegen der Ultraschalluntersuchung * gingen wir zusammen zum Spezialarzt. Auf dem Bildschirm konnten wir sehr viel sehen, denn ich war schon in der 15. Woche schwanger. Mein Mann fragte den Arzt, was er als Spezialist zur Fruchtwasserpunktion meine, und der sagte: Eine Frau in meinem Alter – unbedingt. Ab fünfunddreissig Jahren *muss* man das machen. Mein Mann hat den Entscheid zwar mir überlassen, aber mich trotzdem sehr bedrängt, und das war für mich wie ein Zwang. Ich habe ihm dann gesagt: Ich mache die Untersuchung, aber wegen dir.»

Auch Elvira gegenüber äusserte ein Spezialarzt seine Meinung sehr direkt. Trotzdem entschloss sie sich gegen den Test:

> «Ich bin im dritten oder vierten Schwangerschaftsmonat erstmals bei meiner Hausärztin gewesen. Zuerst war es mir eigentlich völlig klar, dass ich einen Test machen werde, da ich in diesem Jahr vierzig werde. Es war allerdings unüberlegt von mir. Die Hausärztin meinte, ihrer Meinung nach sei es nicht unbedingt notwendig. Sie meldete mich aber bei einem Spezialisten für eine Ultraschalluntersuchung an, um den genauen Geburtstermin festzustellen. Der Spezialist äusserte sich ziemlich direkt. Er sagte, wenn ich seine Frau wäre, würde er die genetische Untersuchung sofort machen.»

Aufgrund der Berichte der Frauen, die bei den unterschiedlichsten Frauenärztinnen und Frauenärzten in Kontrolle waren, können wir tendenziell *drei Arzttypen* charakterisieren:

Der *technokratische Typ* vertritt die offiziellen Richtlinien der Medizin, nämlich die der «Prävention», für ihn ist die pränatale Diagnostik ein sachlich-neutrales Hilfsmittel zur Verhütung von kranken Nachkommen. Diese Ansicht teilt er den Frauen deutlich mit.

Arzt oder Ärztin des *traditionellen* Typs sehen die Lebensberatung als Teil ihrer Rolle und ihres Selbstverständnisses. Sie stehen der pränatalen genetischen Diagnostik kritisch gegenüber, vor allem wegen der Konsequenz der Abtreibung, die ganz grundsätzlich nicht mit ihrer Lebenseinstellung übereinstimmt. Sie freuen sich, wenn die Frauen den Test ablehnen und scheuen sich auch nicht zu erwähnen, dass Abtreibung für sie Mord ist.

Zum *alternativen* Typen zählen die unkonventionellen «Szenenärztinnen und -ärzte», die der Schulmedizin kritisch gegenüberstehen. Pflichtbewusst klären sie die Frauen über die verschiedenen Testverfahren auf und geben ihnen die Hausaufgabe, zu überlegen, wie sie sich entscheiden wollen, denn letztlich handle es sich um eine ethische Frage. Diese betonte Sachlichkeit, mit der sie die Frauen sich selbst überlassen, drückt möglicherweise ihre eigene Unschlüssigkeit und Unsicherheit dieser Entwicklung gegenüber aus.

Der technische Angriff

Im 17. und 18. Jahrhundert wurde in Europa die letzte Domäne der Heilpraktikerinnen, die Geburtshilfe, von der Männermedizin übernommen.

Mit der medizinisch-technischen Entwicklung veränderten sich die Instrumente und Methoden, mit welchen die Kontrolle über die Schwangerschaft ausgeübt wurde. Die Stufen führten vom einfachen Tastbefund* über die Ultraschalluntersuchung zur Genanalyse. Die Gesundheit der Mutter, die Entwicklung des Kindes im Mutterleib und eine komplikationslose Geburt standen ursprünglich im Zentrum der medizinischen Bemühungen. Mit den Worten der Medizin: Es handelte sich um vorbeugende Massnahmen oder eben um

Prävention. Seit jeher war es der Anspruch der Medizin, Krankheiten nicht nur zu heilen, sondern ihnen auch vorzubeugen.

Schon vor der Einführung der pränatalen genetischen Tests gab es Erkrankungen des Embryos, bei welchen die Medizin ihren Anspruch, vorbeugend zu wirken, verraten hat, indem sie den Krankheitsträger selbst, in diesem Fall den Embryo, eliminierte. Zum Beispiel wurde, wenn die Mutter an Röteln * oder Toxoplasmose * erkrankte, mit der gesetzlich geregelten medizinischen Indikation ein Schwangerschaftsabbruch gerechtfertigt und den Frauen auch angeraten – ohne dass beim Kind die vermuteten Missbildungen auch festgestellt werden konnten. Was ist denn so anders und so neu bei den pränatalen genetischen Tests?

Qualitativ neu ist, dass die Medizin, gerüstet mit der notwendigen Technik, es als wünschenswert betrachtet, genetisch geschädigte Embryonen auszumerzen. Routinemässig, und immer noch verpackt im medizinischen Begriff «Prävention», wird so die *systematische, diskriminierende Selektion* von Leben betrieben: das Urteilen darüber, was lebenswertes oder nicht lebenswertes Leben sei, wird damit gesellschaftlich *akzeptabel*, der Ausmerzungsakt selbst kann dadurch *systematisiert* werden.

In der Fachsprache, gelesen in der Medizinischen Rundschau 8/1984, heisst das: «... die ermittelten Anomalien führten fast ausnahmslos zu einer Interruptio» oder «... in unserem Land verhindert die pränatale Diagnose zurzeit die Geburt von zwanzig Fällen eines Down-Syndroms pro Jahr».

Eingeleitet wurden diese neuen Schritte mit der Ultraschalldiagnostik. In der Regel wird die Ultraschalluntersuchung heute zur präventiven, routinemässigen Entwicklungsuntersuchung des Kindes angewendet. Einige Mediziner jedoch haben sich darauf spezialisiert, mittels dieser Technik Missbildungen am Embryo zu erkennen, womit diese Methode zu den gleichen Konsequenzen wie die Fruchtwasserpunktion oder die Chorionbiopsie * führt.

Die entwickelten medizinischen Techniken – die verschiedenen Tests – haben über ihre bestechende Präzision dem eugenischen* Gedanken, Kranke seien systematisch auszumerzen, wieder Auftrieb gegeben. (Siehe den nachfolgenden Beitrag zur Eugenik.)

Wichtig ist dabei für uns Frauen: Die Anwendung dieser Technik findet, weitab von einer persönlichen, sinnlich überprüfbaren Beziehung, irgendwo in einem Labor statt. Wie können da die klinisch sauberen, präzisen Antworten noch in Frage gestellt oder Zweifel zugelassen werden? Wo allein noch Zellmaterial oder genetischen Überprüfung «lebenswert oder nicht» standhalten muss, hat die brutale Gesetzmässigkeit der sauberen, diskriminierenden Selektion bereits die Herrschaft übernommen.

Das Angebot der pränatalen Diagnostik trifft die Frauen psychisch in einer spannungsreichen Zeit: Jeder schwangeren Frau geht es ab und zu durch den Kopf, ihr Kind könnte krank oder behindert zur Welt kommen. Frauen haben sich schon immer und auf ganz unterschiedliche Art psychisch gegen diese beängstigenden Gedanken geschützt. Die Schwangerschaft bietet Raum für vielfältige Gefühle und Denkweisen: von magischen Phantasien nicaraguanischer Frauen beispielsweise, die sagen, eine schwangere Frau dürfe kein krankes Kind anschauen, dann bleibe ihr Kind gesund, über das rationalisierte Wünschen – «in meiner Familie waren immer alle gesund» –, bis hin zum schlichten Hoffen. Wenn diese Ängste von einem Grundgefühl «mein Kind ist gesund» ausgeglichen werden, sind sie erträglicher.

Diese Vorgänge, wir wollen sie im weiteren «Wunschdenken» nennen, konnten wir bei allen befragten Frauen beobachten, und wir kennen dieses Wunschdenken auch aus eigener Erfahrung. Die psychische Befindlichkeit einer schwangeren Frau, Hoffnung, schicksalshafter Optimismus oder gelungene Angstabwehr, gerät durch den Angriff der Technik unter Druck. In unseren Gesprächen konnten wir diese Konfrontationen beobachten.

Für uns waren *alle* Entscheide der zehn befragten Frauen, ob gegen oder für die Tests, in der persönlichen Gesprächssituation einfühlbar und nachvollziehbar. Es stimmte uns jedoch nachdenklich, dass der Konflikt, sich mit dem «Ja zum Test» an einem diskriminierenden Selektionsakt zu beteiligen, im Problematisieren, Denken und Entscheiden der Frauen eine verschwindend kleine Rolle spielte. Das war sowohl bei jenen so, die sich gegen den Test, als auch bei jenen, die sich für den Test entschieden hatten. Ihre Entscheidungen und Meinungen bildeten sie in einem kleinen, privaten Kreis: Arzt, Ehemann und eventuell noch Freundin und Familie.

Bei zwei der Frauen, die sich gegen den Test entschieden hatten, waren religiöse Motive im weitesten Sinne der Grund. Andere gesellschaftliche Bezüge, besonders auch die öffentliche Diskussion zur Gentechnologie oder feministische Standpunkte zur Schwangerschaft/Mutterschaft fehlten oder erschienen nur am Rande.

Von einer Ausnahme abgesehen äusserte auch keine Frau das Bedürfnis, in dieser Frage die Meinungen und Entscheidungen unter Frauen zu kollektivieren. Subjektive, biographische und beziehungsspezifische Kriterien standen bei ihren Entscheidungen im Vordergrund.

Ja zum Risiko

Die befragten Frauen, die sich der pränatalen genetischen Diagnostik *verweigerten*, waren getragen vom inneren Gefühl, dem Wunsch «mein Kind ist gesund».

> «Ich bin irgendwie schicksalsgläubig, das erste Kind habe ich mit sechsunddreissig bekommen, vorher habe ich keine Abtreibung und auch nie einen Abort gehabt. Ich glaube daran, dass ich mich auf mein Gefühl verlassen kann. Seit Beginn der Schwangerschaft habe ich das gute Gefühl, dass mit dem Kind alles in Ordnung ist, und ich glaube das nach wie vor»,

schildert uns Elvira. Rosa, die ihren ersten Ehemann in jungen Jahren an einer unheilbaren Krankheit verloren hatte und sich trotz oder gerade wegen dieser Erfahrung gegen den Test entschied, sagt:

Elvira:	40 Jahre alt, ist Mutter eines vierjährigen Kindes, lebt als Selbstversorgerin auf dem Lande. Jetzige Schwangerschaft: Wunschkind, kein Test.
Florina:	39 Jahre alt, wohnt in der Stadt, arbeitet in der Filmbranche. Jetzige Schwangerschaft: erstes Kind, Wunschkind, kein Test.
Natascha:	37 Jahre alt, arbeitete vor der Ehe als Betreuerin in einem Kinderheim auf dem Lande. Ist Mutter von zwei schulpflichtigen Kindern. Jetzige Schwangerschaft: Kind ungeplant, kein Test.
Rosa:	37 Jahre alt, Handarbeitslehrerin, lebt jetzt als Hausfrau und Mutter eines Kleinkindes auf dem Lande. Jetzige Schwangerschaft: Wunschkind, kein Test.
Dunja:	36 Jahre alt, Soziologin, lebt jetzt als Hausfrau und Mutter von zwei vorschulpflichtigen Kindern in einer Kleinstadt. Eines der Kinder, ein vierjähriges Mädchen, ist mongoloid. Jetzige Schwangerschaft: Wunschkind, Fruchtwasserpunktion: Ja.
Fabiola:	42 Jahre alt, ist selbständigerwerbend und lebt in der Stadt. Schwangerschaft mit dem ersten Kind liegt zwei Jahre zurück, Fruchtwasserpunktion: Ja, Testresultat positiv (Mongolismus). Darauf erfolgte ein Schwangerschaftsabbruch.
Hortensia:	35 Jahre alt, lebt in einer Stadt, arbeitet als Allgemeinpraktikerin in einer Alternativpraxis. Jetzige Schwangerschaft: erstes Kind, Wunschkind, Fruchtwasserpunktion: Ja.
Livia:	35 Jahre alt, Sekretärin. Lebt in der Stadt mit zwei Vorschulkindern und ist Tagesmutter eines Kleinkindes. Jetzige Schwangerschaft: Wunschkind, Fruchtwasserpunktion: Ja.
Sereina:	38 Jahre alt, lebt in der Stadt, Ergotherapeutin, Mutter eines Vorschulkindes. Jetzige Schwangerschaft: Wunschkind, erwartet Zwillinge, Chorionbiopsie: Ja.
Stasia:	37 Jahre alt, ist Sängerin, lebt in einer dörflichen Agglomeration. Jetzige Schwangerschaft: erstes Kind, Wunschkind, Chorionbiopsie: Ja.

«Mein jetziger Ehemann und ich waren schon vor dieser Schwangerschaft über die Tests unterrichtet und hatten uns auch schon dagegen entschieden. Wir hatten uns dieses Kind schliesslich gewünscht, man kann ja auch nicht sagen, ob ein Kind später gesund bleiben wird. Wir überlegten uns schon, dass es ein Gebrechen haben könnte, aber die Hoffnung, es möge gesund sein, war grösser.»

Es ist wichtig zu verstehen, was sich auf der *psychischen Ebene* mit der Einführung und allgemeinen Propagierung der genetischen Tests für uns Frauen verändert hat. Frauen könnten nun wissen, wie es um ihr Kind steht. Den Test zu verweigern, bedeutet also nicht nur die Verweigerung selbst, sondern dazu noch, eine an sich zugängliche Information auszuschlagen. Der Optimismus «mein Kind ist gesund», dem eine Frau sich früher schicksalhaft anvertraute, wird in Frage gestellt und braucht eine Verstärkung. Sich nicht zu informieren heisst für Frauen, psychisch mehr Energie in die Angstabwehr stecken zu müssen. Dies scheinen die Frauen auch zu spüren. Rosa beispielsweise ahnt dies und gibt auf die Frage, ob sie nie daran gedacht habe, den Fruchtwassertest machen zu lassen, um sich eventuell auf ein krankes Kind vorbereiten zu können, folgende Antwort:

«Ich dachte schon daran, dachte jedoch, es sei noch früh genug, wenn es dann auf die Welt kommt. Ich hätte mich über die Schwangerschaft sonst gar nicht mehr freuen können, sondern mir im voraus zu viel Sorgen machen müssen.»

Frauen sehen sich mit einer medizinisch-technischen Logik konfrontiert, die ihren psychischen Haushalt aus dem Gleichgewicht zu bringen droht. Mit viel Energie müssen sie ein Gegengewicht schaffen. Den von uns befragten Frauen, die den Test verweigerten, halfen neben den erwähnten religiösen Motiven berufliche und persönliche Erfahrungen mit Behinderten. Es waren also persönliche Werte und Lebenserfahrungen – ein individueller Orientierungsrahmen – die gewichtiger sind als die von der Medizin aktualisierte Angst.

Frauen, die den Test verweigern, wünschen sich kein behindertes Kind, sondern sie sagen damit Ja zum Risiko. Das tönt banal, ist aber psychisch ganz entscheidend.

> «Ich wünsche mir sicher nicht ein behindertes Kind, ich kann mir jedoch vorstellen, damit zurechtzukommen»,

sagt Elvira. Und Florina, die wohl nicht zufällig den Zeitpunkt «verpasst» hatte, um den genetischen Test machen zu lassen, meint:

> «Falls ich ein behindertes Kind bekommen würde, würde es mir schwer fallen und niemand wäre glücklich...»

Rosa ihrerseits erzählt:

> «Mein Mann und ich dachten einfach, dass wir das Kind, falls es behindert wäre, akzeptieren lernten. Dieses zweite Kind kam ja nicht unerwartet, wir hatten es uns gewünscht. Ich glaube nicht, dass wir uns bei einem pathologischen Testbefund dagegen hätten entscheiden können.»

Ja sagen zum Risiko bedeutet, eine Behinderung oder eine Krankheit, die man niemandem wünscht, akzeptieren zu lernen als den Teil des Lebens, der nicht beeinflussbar ist. Es ist in diesem Sinne ein Ja-Sagen zur Unberechenbarkeit und damit zur Vielfalt des Lebens.

Wir denken, dass diese Überlegungen nicht nur für einzelne Frauen in Entscheidungssituationen, sondern auch zur Formulierung von Widerstandskonzepten unerlässlich sind. Wir Frauen müssen uns gegenseitig bestärken, dass es bei der Verweigerung der genetischen Tests um ein Ja zum Risiko gegen das Gesetz der diskriminierenden Selektion geht.

Intuition versus Information

Es mag überraschen, dass auch Frauen den genetischen Test durchführen liessen, die überzeugt waren, ihr Kind sei gesund. Einige von ihnen erlebten ihr Handeln widersprüchlich.

Stasia, die sich erstmals während ihrer Schwangerschaft mit der Thematik auseinandersetzte, sagt uns:

> «Ich ging schliesslich in die nächste Konsultation zu Dr. X und sagte, ich wolle den Test machen lassen, obwohl ich eigentlich innerlich sicher war, mein Kind sei gesund. Ich hatte keine Komplikationen und fühlte mich wohl. Von diesem Moment an wusste ich, dass bei mir etwas nicht mehr ganz zusammenstimmt: Intuition und Kopf. Es ging alles ziemlich schnell; als ich das Kind auf dem Ultraschall sah, seine Lebendigkeit, wusste ich: Das Kind ist gesund, was will ich hier eigentlich? Die Intuition sprach deutlich für mich, aber ich konnte es ja nicht mehr rückgängig machen.»

Während ihrer Schwangerschaft sah sich Hortensia erstmals ausserhalb ihrer Berufsrolle als Ärztin mit unerwarteten Widersprüchen konfrontiert:

> «Für mich lag der schwierigste Konflikt bei der Fruchtwasserpunktion, da kamen die Widersprüche am deutlichsten zutage. Früher dachte ich: Es ist eine offizielle Richtlinie, mit fünfunddreissig die Fruchtwasserpunktion zu machen. Mehr oder weniger teilte ich das den Frauen so mit, aber ich war immer der Meinung, diesen Entscheid müsse eine Jede selbst fällen. Vor meiner Schwangerschaft überlegte ich mir diese Frage ganz rational... Ungefähr vier Wochen vor der Fruchtwasserpunktion, als ich diese für mich zu organisieren begann, merkte ich, dass ich unsicher wurde, und das steigerte sich zunehmend... Ich hatte irgendwie das Gefühl, mein Kind sei gesund, so dass ich mich fragte, ist der Test wirklich nötig? Eigentlich spürte ich, dass mein Kind nicht behindert sei, und doch überlegte ich, ob ich da nicht etwas verdränge, mich nicht damit befasse. Ich hatte einfach das Gefühl, es sei schon gut.»

Hortensia liess den Test schliesslich machen. Ihr Kind war gesund.

Alle befragten Frauen erlebten den Eingriff der Punktion und auch das lange Warten auf das Testresultat in unterschiedlichem Grad als unangenehm. Und es war gerade ihr ursprüngliches Gefühl «mein Kind ist gesund», das ihnen bei der Bewältigung ihrer Ängste vor und während des Eingriffs half. Ebenso half es, mit der Angst vor den Risiken des Eingriffs und mit dem zermürbenden Warten auf den Befund besser umzugehen. Sereina erzählt:

> «Ich wusste, dass das Risiko eines Abortes bei der Chorionbiopsie grösser ist als bei der Fruchtwasserpunktion. Den Eingriff selbst fand ich sehr, sehr unangenehm, doch das Risiko eines Abortes bin ich eingegangen. Ich habe anfangs etwas mit dem Schicksal gehadert, da es Zwillinge sind; des weitern habe ich auch das Gefühl gehabt, wenn diese zwei leben wollen, dann müssen sie das auch ertragen. Ich bin sicher, dass diese Kinder auf die Welt kommen möchten.»

Stasia schildert folgende spannungsgeladene Situation:

> «Das erwartete Couvert mit dem Befund kam nach etwa vierzehn Tagen. Ich wagte bis am Abend nicht, den Brief zu öffnen, bis mein Mann kam. Plötzlich packte mich der Gedanke: Was mache ich, wenn der Befund nicht normal ist?, sagte mir aber, dann hätte ich wohl telefonisch Bericht erhalten. Der erste Satz des Briefes lautet: Befund normal. Alle Detailbefunde waren erst anschliessend erwähnt. Ich brauchte einige Zeit, um das wirklich glauben zu können... Ich war erleichtert, obwohl es für mich eigentlich klar gewesen war: das Kind ist schon gesund.»

Alle Frauen, die sich zum Test entschlossen hatten, sagten uns, dass sie in einer nächsten Schwangerschaft wieder gleich handeln würden. Angesichts ihrer unangenehmen Erlebnisse im Zusammenhang mit den genetischen Untersuchungen und der von ihnen zum Teil auch selbst beobachteten Diskrepanz zwischen ihrem Erleben und Handeln mag dies erstaunen.

Die Dynamik der Situation ist folgende: Ängste, das Kind könnte behindert sein, tauchen in jeder Schwangerschaft auf. Schwangere Frauen haben schon immer psychische Mittel gefunden, diese Ängste zu neutralisieren und erträglich zu machen. Nun wird eine Untersuchung eingeführt, die durch eine ausschliesslich pessimistische Optik die vorhandene diffuse Angst verstärkt und auf eine verengte Problematik hin manipuliert. Es wird von der Medizin suggeriert, dass sich mit dem Wissen über die genetische Unversehrtheit des Embryos alle Ängste erübrigen würden. Es wird unterschlagen, dass die Mehrheit der Behinderungen im weiteren Verlauf der Entwicklung des Kindes, nämlich zum Zeitpunkt der Geburt oder im Kindesalter, beispielsweise durch Unfälle, verursacht wird.

Von den befragten Frauen, die sich dem Test unterzogen, wurde uns bestätigt, dass sie den weiteren Verlauf der Schwangerschaft angstfrei erlebten, und insofern waren die Verheissungen der Medizin erfolgreich. Diejenigen der Frauen, die den Test verweigerten, mussten sich emotional immer wieder mit möglichen Behinderungen des Kindes auseinandersetzen, ein psychisch belastender, unausweichlicher Prozess, der aber auf eine mögliche Realität vorbereitet, die eben nicht vollkommen und harmonisch verläuft.

Die verwalteten Frauenkörper

Wir haben von unseren Gesprächspartnerinnen erfahren, dass für sie meistens unbekannt und undurchschaubar war, welchem Zweck die verschiedenen Untersuchungen während der Schwangerschaft dienten. So wussten sie beispielsweise kaum, wofür ihnen Blut abgenommen wurde und konnten sich demzufolge auch nicht mit den Konsequenzen der jeweiligen Untersuchungen auseinandersetzen.

Florina, die sich gegenüber der Medizin als kritisch bezeichnet, meint:

> «Ich weiss nicht genau, welche Tests gemacht wurden, das Blut schickten sie ans Labor. Zu Beginn der Schwangerschaft wurden routinemässig Ultraschalluntersuchungen gemacht. Ich bin etwas erschrocken. Deshalb wollte ich mich informieren und habe ziemlich viel in Büchern nachgelesen, konnte aber nichts darüber fin-

den, dass Ultraschall allenfalls schädlich sein kann. Nur in einem Buch wurde darauf hingewiesen, dass es zu Beginn der Schwangerschaft nicht ratsam sei. Alle sechs Wochen ging ich zur Ultraschallkontrolle. Ich habe andere Frauen gefragt, ob dies normal sei; da hörte ich, dass das alle machen. Eigentlich ist dies ja kein Argument.»

Stasia wurde folgendermassen informiert:

«... nach einem langen Gespräch sagte mir die Gynäkologin, welche Untersuchungen sie mache. Sie erklärte mir in ziemlichem Tempo, wofür das Blut abgenommen wird: Syphilis, Tripper, AIDS und andere. Ich nahm es hin und dachte, es müsse so sein.»

Man könnte von blindem Vertrauen der Frauen in die Medizin sprechen. Wir halten uns jedoch die eigene Hilflosigkeit bei einem Arztbesuch vor Augen, angesichts der unüberschaubaren Diagnose- und Therapieangebote und des Zeitdrucks, unter welchem die Arztvisite steht! Unter den gegebenen Bedingungen können wir uns über die heutigen Techniken kaum ein Urteil bilden, und hinsichtlich Sinn und Unsinn sind wir dem medizinischen Informationssystem ausgeliefert. Es ist dasselbe medizinische System, das diese Techniken auch propagiert. Noch krasser wird diese Abhängigkeit bei Schwangerschaft und Geburt, die ja wahrlich keine Krankheiten sind, von der Medizin jedoch als solche behandelt werden. Dieses individuell erlebte Dilemma der Orientierungslosigkeit ist im Moment der Preis, den Frauen dafür bezahlen, dass die Verantwortung für den eigenen Körper nicht mehr in ihren Händen liegt und sie sich einer männerdominierten Medizin ausliefern müssen.

Ein weiterer Aspekt dieser medizinischen Verwaltung ist, dass die Tests nirgends als *die* drastischen Körpereingriffe beschrieben werden, die sie für die betroffenen Frauen sind. Die Frauen selbst wissen nicht, was sie erwartet. Stasia schildert uns, wie sie die Chorionbiopsie erlebte:

«... ich brachte diese Angst nicht mehr weg. Ich wusste ja nicht, wie weit der Embryo von der Plazenta respektiv von der Bauchdecke entfernt ist, also ganz real in Zentimetern. Die Frage nach dem möglicherweise kranken Kind rückte in weite Ferne, interessierte mich gar nicht mehr, ich hatte nur noch panische Angst, der Embryo könne *verletzt* werden. Ich wollte diesem Arzt meine Angst mitteilen, stellte direkte Fragen, beispielsweise, ob der Embryo durch die Nadel nicht verletzt werden könne. Er sagte wortwörtlich: Wenn ich will, kann ich das schon. Er antwortete grausam zynisch. Er machte den Stich durch die Bauchdecke von oben und ging mit einer anderen, eindrucksvollen Nadel das Material holen. Das Ganze war schlimm: er grübelte, und ich hörte, es sei verstopft, und er habe zuwenig Material bekommen. Er benötigte drei Versuche. Ich starrte andauernd auf den Monitor und sah alles und interpretierte es auf meine Art, aus meiner Angst heraus. Ich sah immer, was Plazenta ist, was nicht, es kam ein panischer Moment. Ich sah etwas auftauchen, in anderer Farbe, und interpretierte es als Embryo. Mit Worten kann ich gar nicht ausdrücken, wie mir zumute war. Ich vergass alles andere; die Analyse vom Gewebe und die Antwort des Befundes waren mir völlig unwichtig. Ich dachte nur noch, der Embryo sei verletzt. Ich drehte fast durch. Ich musste selbst mit der eingepackten Gewebsprobe zum genetischen Institut. Es war Mittagspause, ich musste warten. Alles verzögerte sich, ich irrte mit dem Zeug umher. In den nächsten Tagen konnte ich fast nichts tun. Die fixe Idee, mein Kind sei verletzt, verfolgte mich.»

Elvira andererseits machte folgende, für ihren Entscheid gegen den Test wichtige Beobachtung:

> «Ich konnte die Situation bei einer guten Kollegin mitverfolgen. Was mich sehr beeindruckte, war die Wartezeit, das Warten auf das Resultat, die Angst, in der sie in dieser Zeit lebte. Ich beobachtete, dass sie keine Beziehung zu ihrem Kind aufnehmen konnte, sondern sich von ihrer Schwangerschaft distanzieren musste.»

Livia wurde vor unerwartete Tatsachen gestellt:

> «... ich dachte, man bekomme den Bescheid sofort, dann dachte ich, in ein bis drei Tagen, und erst bei der Untersuchung selber wurde ich informiert, dass es drei oder vier Wochen dauert.»

Angesichts der kaum einschätzbaren Folgen, die das medizinische Angebot mit sich bringt, nimmt das Wunschdenken der schwangeren Frauen eine spezifische Funktion ein. Es dispensierte die Mehrheit der befragten Frauen, die sich zur Durchführung des genetischen Tests entschieden hatten, sich wirklich darauf einzulassen, wie sie bei einem pathologischen Testbefund handeln würden. Nur so können wir uns erklären, dass sie dieser Frage auszuweichen schienen. Livia beschreibt dieses Dilemma:

> «Ich dachte mir, wenn mein Kind nicht eine ganz schlimme Behinderung haben wird, dann könnte ich es akzeptieren. Mein Mann jedoch nicht, wir waren uns darüber nicht einig. Ich weiss nicht, wie wir das gelöst hätten, wenn es dazu gekommen wäre.»

Und Stasia sagt:

> «Ich hätte an Konsequenzen denken müssen, falls der Befund nicht normal gewesen wäre. Dieser Entscheid war schwer für mich, ich wich ihm aus. Mit meinem Mann diskutierte ich nicht lange, nur eine halbe Stunde. Einzig ein Kopfentscheid war für mich möglich ... Zur Frage, was ich bei einem abnormalen Befund getan hätte, machte ich mir erst wieder Gedanken im Hinblick auf dieses Gespräch. Es berührt mich; ich kann diese Frage auf mich bezogen nur spekulativ beantworten, ich weiss wirklich nicht, was ich getan hätte.»

Welchen Konflikten Frauen ausgesetzt sind, wenn ihr intuitiver, unreflektierter Wunsch «mein Kind ist gesund» mit dem medizinisch-genetischen Testangebot aufeinanderprallt, wird in seiner ganzen Tragweite erst bei Fabiola deutlich, deren Zellbefund pathologisch war:

> «Die Schwangerschaft begann ausgezeichnet, es war mir nie übel, für mich war klar, ich mache die Fruchtwasserpunktion ... Für mich stellte sich nicht die Diskussion

von wegen Risiken, ich hatte keine Angst vor Komplikationen. Es war mir unangenehm, aber keine Sache. Auch Dr. X sagte: Es sind ja nur zwei Prozent der Fälle positiv, jetzt machen wir den Test. Ich dachte keinen Moment an einen positiven Entscheid, sondern glaubte, das sei die kleinste Hürde. Wenn es mir so gut geht, dann ist alles in Ordnung... Den Test habe ich aufgrund eines rationalen Entscheides gemacht, über den Kopf; unter die zwei Prozent falle ich nicht, dachte ich mir. Ich begann rundherum zu erzählen, ich sei schwanger. Als ich am Sonntag aus den Ferien heimkam, fand ich im Briefkasten einen Brief, ich solle Dr. X anrufen. Er teilte mir mit, das Kind sei mongoloid. Ich solle sofort in die Sprechstunde kommen, da ich schon in der 21. Schwangerschaftswoche sei, ich solle mich sofort entscheiden. Er setzte mich unter Zeitdruck, denn für ihn war der Entscheid zum Abbruch klar. Er meinte, das Kind beginne sich wahrscheinlich noch in dieser Woche zu bewegen, danach sei der Entscheid viel schwieriger... Vielleicht habe ich ihm auch vermittelt, es sei für mich klar, wir müssten darüber nicht diskutieren. Es gab jedenfalls keine Diskussion.»

Kaum eine Frau weiss, dass sie bei einem pathologischen Testbefund ihr Kind in einem künstlich eingeleiteten, qualvollen, stundendauernden Geburtsakt zur Welt bringen – zu Tode gebären muss.

Mit der Entwicklung der Chorionbiopsie – diese kann schon in der 8. Schwangerschaftswoche durchgeführt werden – fallen die traumatisierenden Erlebnisse dieser Art weg. Für die einzelne betroffene Frau bedeutet dies eine grosse Entlastung. Gleichzeitig müssen wir jedoch befürchten, dass aufs Ganze gesehen der Aspekt des Selektionsaktes an dieser Technik damit noch mehr verschleiert wird: Aus einem vorgezogenen Geburtsakt wird eine Auskratzung der Gebärmutter – ein chirurgischer Eingriff.

Angst macht verführbar

Verführbar zu genetischen Untersuchungen sind wir Frauen über die Angst, ein behindertes Kind zu gebären. Gefeit gegen diese Ängste ist keine von uns. Betroffen vom neuen Angebot der Medizin, das einerseits die Ängste aktualisiert, sie anderseits zu beseitigen vorgibt, sind schwangere Frauen in allen politischen Lagern und aus allen sozialen Schichten. Die befragten Frauen haben von verschiedenen Ängsten berichtet – von der Angst vor dem Unbekannten etwa, die die Vorstellung einer Überforderung ins Unermessliche wachsen lässt. So sagt Fabiola:

> «...ich könnte mir nicht vorstellen, vierundzwanzig Stunden pro Tag während zwanzig Jahren oder mehr ein behindertes Kind zu betreuen.»

Weiter wurden von einigen Frauen die soziale Diskriminierung und die finanziellen Sorgen angesprochen. Natascha, die in bescheidenen Verhältnissen lebt, spricht davon. Sie entschied sich gegen den Test und erlebte darauf eine angstbeladene Schwangerschaft:

> «...vor allem das Gerede der Leute. Man sieht Familien, die wegen eines behinderten Kindes ihr ganzes Leben verändern müssen. Da wir kein Auto haben, fragte ich mich, wie ich dann zur Therapie gehen soll und überhaupt die ganzen Umstände, wir müssten den Wohnort wechseln, da dieses Haus mit den vielen Treppen nicht rollstuhlgängig ist; all dies stellte ich mir vor... Ich machte mir auch Sorgen, ob wir wohl all die notwendigen Hilfsmittel zahlen könnten. Und an die Einschränkungen dachte ich: nicht mehr wandern, nicht mehr in die Berge gehen zu können.»

Die Mutter des vierjährigen Mädchens mit Down-Syndrom meint:

> «...bis jetzt gibt es keine Schwierigkeiten, aber wir sind nicht blind, es wird Schwierigkeiten geben, später, wenn sie zwanzig sein wird. Jemand muss für sie verantwortlich und zuständig sein. Mit der Zeit wird sie weniger

> niedlich und auch bei Gleichaltrigen weniger integriert sein. Für uns werden die Veränderungen Schritt für Schritt kommen. Bis heute habe ich keine Schwierigkeiten.»

Mehrere Frauen befürchteten, durch ein behindertes Kind wieder auf die weibliche Rolle fixiert zu werden und nie mehr aus der fürsorgenden Mutterrolle herauswachsen zu können:

> «Der Hauptgrund, den Test zu machen war, dass ich einen Beruf habe, den ich weiter ausüben möchte. Ich kann bestimmen, wieviel ich arbeiten möchte und habe einen Partner, der bereit ist, das Kind eine bestimmte Zeit zu hüten, so dass ich nicht gezwungen bin, eine traditionelle Frauenrolle zu übernehmen. Die muss ich vielleicht für einige Monate übernehmen, doch dann bin ich wieder draussen. Mit einem behinderten Kind wäre ich jahrelang gebunden. Über Jahre habe ich daran gearbeitet, von der traditionellen Frauenrolle wegzukommen, und ich möchte nicht wieder hineinrutschen. Die Vorstellung, ein mongoloides Kind zu haben, heisst zwanzig Jahre oder länger für ein Kind sorgen, das auf der Entwicklungsstufe eines Kleinkindes bleibt; damit wird man wieder auf die Frauenrolle fixiert. Es ist für mich auch klar, dass ich es nie in ein Heim geben würde. Ich müsste eben die Konsequenzen tragen»,

sagt Hortensia, die Ärztin. Persönliche und berufliche Erfahrungen mit Behinderten beeinflussten den Entscheidungsprozess. Bei einigen der Frauen verstärkte das Wissen, wie Behinderte in unserer Gesellschaft leben müssen – abgeschieden, isoliert, ausgeschlossen, unerwünscht – ihre Ängste. Sie konnten sich ein solches Schicksal als Mutter nicht vorstellen. Für die anderen minderte das gleiche Wissen zwar nicht ihre Angst, es ermöglichte ihnen jedoch, eine Vorstellung zu entwickeln, wie sie sich in dieser Realität zurechtfinden könnten. Diese Auseinandersetzung bestärkte sie auch darin, den Test zu verweigern.

Unserer Ansicht nach trifft das Testangebot noch eine andere Qualität von Angst, eine Seite, die aus unseren Gesprächen kaum ersichtlich wird, die wir jedoch aufgrund der eigenen Erfahrung und einiger Aussagen aufgreifen wollen: Die Behinderung eines Kindes, das Teil unseres Körpers, unseres Selbst und unserer Existenz ist, hinzunehmen, eine Behinderung also, die wir nicht an einer äusseren Einwirkung wie einem Unfall festmachen können, ruft Angst hervor. Wir tragen eine bestimmte Vorstellung in uns, wie unser leibliches Kind gestaltet sein soll. Mit der Möglichkeit, dass dieses Kind anders sein könnte, dass es uns mit unserer Unvollkommenheit konfrontieren könnte, tun wir uns schwer. In dieser Richtung verstehen wir folgende Gedanken von Rosa:

> «Ich studierte tagelang darüber nach, wie das wäre mit einem kranken Kind. Ich wäre wahrscheinlich schon traurig gewesen, hätte es wohl akzeptiert, hätte es ja müssen, weil ich den Test nicht machen lassen wollte.»

Fabiola meint mit den Worten ihres Ehemannes, die auch für sie zutreffen:

> «Er, der Ehemann, hätte weder die finanzielle, noch die emotionale, noch die ästhetische Belastung tragen mögen.»

Auf dieser nicht immer bewussten Ebene der möglichen Kränkung und Beunruhigung des eigenen Ichs hakt das Angebot der pränatalen Tests ebenfalls ein. Es wird suggeriert, Behinderungen liessen sich verhindern und die Vollkommenheit, die Normalität sei machbar. Frauen sind über diese Ängste, die im übrigen auch die Männer kennen, manipulierbar und dazu verführbar, solche genetischen Tests zu benützen.

Selbstbestimmung und Widerstand

Ethische Postulate aus jedem politischen Lager von der Art «Frauen müssen eben wieder mit Behinderten leben lernen», «Frauen müssen halt zu einem behinderten Kind Ja sagen», verleugnen die psychische und gesellschaftliche Situation der betroffenen Frauen. Widerstand kann in diesem existentiellen Bereich nicht auf bevormundenden, moralisierenden Parolen aufbauen. Vereinzelung und Entsolidarisierung unter den Frauen wären die Folge. Und nicht nur das: Es drohen den Frauen auch falsche Allianzen mit konservativen Kreisen, von welchen auch die Abtreibung schon immer kategorisch bekämpft wurde und für die die Situation der betroffenen Frauen nie ernsthaft zählte. So befürchtet auch Hortensia:

> «Ich habe die Fruchtwasserpunktion gemacht, bei einem pathologischen Befund hätte ich voraussichtlich abgetrieben, obwohl ich das auch nicht leichtfertig bis ins Letzte moralisch vertreten kann. Es geht bei dieser ganzen Thematik aber auch darum, ob die Frage der Fristenlösung ins Wanken kommt. Ich denke, dass jetzt mit der pränatalen Diagnose vermehrt die Seite des Kindes ins Spiel gebracht wird, mehr als die Situation der Frau... Ich befürchte, dass dies den Fristenlösungsgegnern Argumente liefert.»

Das historische, feministische Postulat der selbstbestimmten Mutterschaft – dazu zählen wir den Zugang zur Abtreibung und die Kinderplanung – darf von der Frauenbewegung nicht preisgegeben werden. In der Abtreibungsfrage haben wir uns seinerzeit vorgenommen, dieses Recht auf selbstbestimmte Mutterschaft aus einer subjektiven Not heraus zu formulieren und zu verteidigen. Einer Not, die letztlich nur von den betroffenen Frauen selbst gewertet werden kann. Dieser Selbstbestimmungsgedanke richtet sich gegen die herrschende Ideologie kirchlicher, medizinischer und politischer Kreise. Er wird zum Widerstand.

Jetzt übernimmt die Medizin den Begriff der selbstbestimmten Mutterschaft, der historisch als kollektiver Widerstand formuliert worden ist. Damit wird die einzelne Frau in der Frage der pränatalen Diagnostik individuell verantwortlich gemacht. Sie soll auch die Verantwortung für die gesellschaftliche Qualitätsauslese tragen. Der Schwindel solcher Selbstbestimmung wird am folgenden Beispiel offensichtlich: Frauen, denen bei einem pathologischen Testbefund ein

Schwangerschaftsabbruch angeraten wird, werden gleichzeitig gezwungen, den entmündigenden, gesetzlich vorgeschriebenen Gang zum Psychiater zu machen. Fabiola, bei welcher festgestellt wurde, dass ihr Kind mongoloid ist, schildert:

> «...der Frauenarzt teilte mir den Termin für ein psychiatrisches Gutachten mit und empfahl mir, tags darauf gleich zum Abbruch der Schwangerschaft in die Klinik zu gehen. Da rebellierte ich, ich wollte zwei bis drei Tage Zeit. Ich war sauer, dass ich ein psychiatrisches Gutachten benötigte und dafür über meine Familie berichten musste. Der Psychiater sagte, es stehe mir selbstverständlich offen, das Kind auszutragen.»

Aus der Nähe betrachtet wird deutlich, dass das Instrument pränatale genetische Diagnostik sich anbietet, die herkömmliche Familienpolitik zu verschärfen, wie die aktuelle politische Diskussion bereits zeigt. Die Humangenetiker machen uns weis, im Zusammenhang mit der pränatalen genetischen Diagnostik sei einzig die Frage der Abtreibung einer ethischen Diskussion wert. Damit wird der Mechanismus der diskriminierenden Selektion, Leitgedanke der pränatalen genetischen Diagnose, der ethischen und gesellschaftspolitischen Diskussion entzogen. Die ethische Problematik wird wieder auf die Frage der Abtreibung reduziert, die immer schon Anlass zu Diskussionen gab.

Nicht unser ursprüngliches Postulat der selbstbestimmten Mutterschaft, das die Abtreibung miteinschliesst, muss von uns Frauen überdacht werden – wir verteidigen es gegen die alten wie gegen die neuen selbstherrlichen Familienpolitiker –, sondern es ist die diskriminierende Selektion, die sich zu verantworten hat: gegenüber der Gesellschaft und gegenüber den betroffenen Frauen.

Die pränatale genetische Diagnose ist ein Mittel der Bevölkerungspolitik: Bei uns soll und wird bereits Selektion betrieben im Hinblick auf die *Qualität* der Kinder, durchaus «selbstbestimmt» und «freiwillig». Frauen in der Dritten Welt hingegen werden zur Sterilisation und zur Empfängnisverhütung gezwungen: Hier soll die Anzahl der Kinder, die *Quanti-*

tät, eingeschränkt werden. Nur wenn alle Frauen dabei mitmachen, kann diese Politik ihre Ziele erreichen. Daher sind beim Nichtbefolgen der bevölkerungspolitischen Maximen zukünftig auch bei uns Sanktionen zu befürchten.

Wir fragten die zehn Frauen, wie sie über jene denken, die bezüglich der pränatalen genetischen Diagnose anders als sie selbst entschieden hatten. «Die Frauen sollen selbst entscheiden können, ob sie einen Test durchführen lassen wollen oder nicht», waren ihre durchwegs gleichlautenden Antworten. Es stimmte uns nachdenklich, dass nur wenige von ihnen von einer grundsätzlichen Diskussion Entscheidungshilfe zu erwarten schienen. Nach unseren eigenen Erfahrungen in der Schwangerschaft und angesichts der Nöte der befragten Frauen in der Zwangssituation der Entscheidung meinen wir, dass eine breit geführte Diskussion dringend notwendig ist. Anknüpfen müsste sie an die Widerstandstradition der Frauenbewegung. Gleich wie im Kampf um die Abtreibung hiesse dann selbstbestimmte Mutterschaft in der Frage der pränatalen Diagnose gemeinsamer Widerstand gegen die herrschende Ideologie von Gesellschaft und Medizin. Die der einzelnen Frau von der Medizin suggerierte Fragestellung lautet: Willst du ein behindertes Kind oder lieber nicht? Die tieferliegende Frage für alle Frauen ist jedoch: Beteilige ich mich mit meinem Entscheid am diskriminierenden Selektionsprozess? Will ich mich dafür benützen lassen?

Widerstand gegen diesen Selektionsmechanismus heisst, ihn aufzeigen und öffentlich denunzieren. Es heisst aber auch, mit einer radikalfeministischen Ethik, die noch zu erarbeiten ist, ein Gegengewicht zu den oberflächlichen «Selbstbestimmungsliberalismen» der Medizin zu schaffen. Gleichzeitig müssen wir gegen die unmenschliche Gesellschaft, wo Behinderte ausgeschlossen und Mütter von Behinderten auf sich selbst zurückgeworfen sind, ankämpfen. Es kann nicht genügend betont werden, dass sich Frauen aus sozialer Not, aus innerem Druck, äusserem Zwang oder lebensgeschichtlichen Vorbedingungen zu pränatalen Tests und allenfalls zur Abtreibung entscheiden werden. Nur ein Widerstandskonzept, das neben der radikalen Ablehnung der systematischen, diskriminierenden Selektion auch diese reale Situation der Frauen berücksichtigt, wird sich zu einer Widerstandsbewegung entwickeln.

CLAUDIA ROTH

Hundert Jahre Eugenik: Gebärmütter im Fadenkreuz

In dieser leistungsbetonten Zeit: Die eugenische Indikation

Bakterien sind unangenehm. Wir bringen sie in Zusammenhang mit Lungenentzündung, Fieber, gelbem Eiter, Fäulnis. Wenn Gentechniker mit Bakterien hantieren, deren Erbgut verändern, wird uns etwas unheimlich zumute. Wenn diese unsichtbaren, heimtückischen Viecher ihren Schöpfern nur nicht aus der Laborwelt entweichen! Doch Berichte über genmanipulierte Bakterien, die dereinst den Plastikmüll beseitigen werden, stimmen uns versöhnlich.

Im Erbgut veränderte Pflanzen, hören wir, bringen mehr Ertrag. Nutzpflanzen haben nun einmal keine andere Aufgabe, als möglichst brauchbar zu sein, natürliche Schönheit spielt dabei keine Rolle.

Erst die Nachricht vom Tier, das in den USA wie irgendeine Ware patentiert werden soll, löst eine breite öffentliche Debatte aus. Das geht uns nah! Der gedankliche Sprung vom Tier zum Menschen ist klein: Orwellsche Bilder von Herrschaft tauchen auf. Genmanipulation am Menschen erscheint uns grauenhaft, als eine unerhörte Verletzung unserer Integrität. Niemand will das, der «geklonte Mensch» gehört ins Reich machtlüsterner oder paranoider Phantasie.

Die Gendiagnostik hingegen beunruhigt uns kaum. Da wird nicht verändert, da wird gesucht und geschaut nach angelegten Krankheiten und Missbildungen, da werden keine Geister heraufbeschworen, die nicht mehr in die Laborflasche zurückzubringen sind, nein, Gendiagnostik soll Not und Übel abwenden und den Gesunden dienlich sein.

Diagnosemethoden, die auf der Gentechnik beruhen, umfassen Tests für Schwangerschaftsuntersuchungen und Verfahren, um Krankheiten sowie auch Krankheits*anfälligkeiten* zu bestimmen (siehe Beitrag zur Gendiagnostik am Arbeitsplatz). Der Markt solcher Testverfahren ist wirtschaftlich interessant: Nicht nur die bereits Erkrankten sollen untersucht werden, sondern alle potentiell Kranken – *alle* Menschen.

Schon heute übersteigt das Geschäft mit den Diagnostika (eingeschlossen die nötigen Apparaturen) jährlich fünf Milliarden Dollar. Hoffmann-La Roche gehört zur Zeit zu den fünf grössten Diagnostika-Herstellern der Welt, und Ciba-Geigy ist in den USA eben jetzt daran, mit Firmenaufkäufen in diesen verheissungsvollen Markt einzudringen, dem Zuwachsraten von jährlich fünfzehn Prozent prophezeit werden. Da wären die Aktionäre schön sauer, wenn die Schweizer Chemie den Anschluss verschliefe.

Mit genetischen Analysen konfrontiert sind heute in erster Linie schwangere Frauen. Die unter dem Begriff «pränatale Diagnostik» (siehe Anhang S. 194) zusammengefassten Untersuchungen während der Schwangerschaft geben Auskunft über Missbildungen, Krankheiten oder Defekte im Erbgut des Föten; sie können aufgrund des äusseren Erscheinungsbildes (mittels Ultraschall) oder anhand von Chromosomen*, von Genprodukten* und seit kurzem anhand der Gene selbst gemacht werden (Genanalyse).

Vorgeburtliche Untersuchungen garantieren nicht, dass das Kind gesund zur Welt kommen wird. Das liegt einerseits daran, dass die Wissenschaft noch 25 Jahre braucht, bis sie die 50000 Gene des Menschen aufgeschlüsselt haben wird, andererseits aber haben die meisten der vererbten Krankheiten mehrere Ursachen und sind während der Schwangerschaft gar nicht feststellbar. Ob sie auftreten, muss nach wie vor mit Wahrscheinlichkeitsrechnungen abgeschätzt werden. Weiter hinzu kommt, dass viele Gebrechen erst während der Schwangerschaft oder der Geburt entstehen.

Sagt also ein negatives Testergebnis wenig darüber aus, ob das geborene Kind wirklich gesund ist, so ist im umgekehrten Fall ein positiver Befund ziemlich stichhaltig: Das Kind wird unter Muskelschwund leiden, es wird an einem offenen Rükken sterben oder einen nicht operierbaren Herzschaden haben, es wird schwachsinnig sein. Die schwangere Frau wird sich für eine Abtreibung entscheiden.

Zwischen Risiko und Bürde

Der Verhütung von Erbkrankheiten widmen sich in der Schweiz schon seit Jahrzehnten genetische Beratungsstellen. Doch erst mit der Einführung praktikabler vorgeburtlicher Untersuchungen – begonnen hat diese Entwicklung mit dem Fruchtwassertest – wurden die den Universitäten angeschlossenen Beratungsstellen im Verlauf der siebziger Jahre reaktiviert oder neu aufgebaut.

In der genetischen Beratung klärt der Arzt ein Paar über die erbbedingten Risiken ihrer künftigen Kinder auf. Die Stammbaumanalyse lässt ihn das theoretische Risiko einer Krankheit abschätzen. Neu hinzugekommen sind – wie gesagt – die pränatalen Tests, ein Instrument, mit dem sich individuell und konkret eine Reihe von Gebrechen am Fötus feststellen lassen.

Im ersten Fall wird in der Sprechstunde ein genauer Stammbaum der Familien von Frau und Mann erstellt, wie seit bald siebzig Jahren Brauch. Der Genetiker berechnet dabei das Risiko einer Krankheit nach den bekannten Vererbungsgesetzen (siehe Anhang S. 195) oder wissenschaftlicher Literatur.

Das Risiko wird als Prozentzahl ausgedrückt, zum Beispiel fünf Prozent. Im Bemühen, so zu sprechen, dass die zukünftigen Eltern ihn verstehen, wird der Genetiker die Ratsuchenden auffordern, sich eine undurchsichtige Vase mit zwanzig Kugeln vorzustellen: Neunzehn Kugeln sind weiss, eine ist schwarz – sie müssen ziehen.

Die Risikozahl allein sagt noch nichts über die Tragweite einer Krankheit, also wird sie gewichtet. Die Gewichtung der

Risikozahl heisst im Fach «Bürde». Die Medizinerin Suzanne Braga, die seit 1981 bei der Berner Beratungsstelle arbeitet, veranschaulicht es: «Die Bürde ist die seelische, zum Teil auch die körperliche Belastung, welche die Familie während der Zeit, in der ihr Kind krank ist, zu tragen hat.» Es gibt verschiedene vererbte Muskelerkrankungen, die in der Regel schon im ersten Lebensjahr, andere, die erst im Erwachsenenalter zum Tod führen. Die Bürde für die Eltern sei nun im ersten Fall, wo das Kind nach einem Jahr stirbt, vergleichsweise klein, erläutert mir Suzanne Braga. Denn es sei «einfacher, über einen Tod hinwegzukommen als über eine lebenslange Invalidität. Ganz objektivieren lässt sich die Bürde sicher nicht, denn nicht alle Eltern verarbeiten den Tod oder die Invalidität eines Kindes auf die gleiche Art.»

Die Eltern schätzten die psychischen und seelischen Belastungen, die sie erwarten, nicht richtig ein, schreibt Hans Moser, der die Berner Beratungsstelle leitet, in seinem Buch «Genetische Beratung und Familienplanung». Deshalb nehme er eine «kompromisslose Haltung» ein, falls die Bürde unterschätzt werde, was häufig bei Krankheiten der Fall sei, die sich erst langsam manifestieren, beispielsweise bei der Trisomie 21 (Mongolismus). Umgekehrt tritt Moser den Eltern «optimistisch» entgegen und spricht von 96 Prozent Chance statt von 4 Prozent Risiko, da, wo auch die «Bürde» klein ist.

In Bern berücksichtigt man bei einer Beratung noch einen weiteren Punkt, um mit einem Paar angemessen über Risiko und «Bürde» zu sprechen: Haben die Eltern bereits ein gesundes Kind, so nehmen sie, auch wenn nur ein geringes Krankheitsrisiko für das gewünschte zweite Kind besteht, eine leichte «Bürde» eher nicht in Kauf. Hat ein Paar allerdings noch kein Kind, «dann werden selbst durch hohes Risiko und schwere Bürde verursachte Schranken überwunden», schreibt Moser. Das Patientengut werde daher nach dem Grad des Kinderwunsches aufgeschlüsselt.

Die Berater beanspruchen, objektiv zu informieren: So ist die Medizin seit bald hundert Jahren davon überzeugt, die Schizophrenie sei vererbt. Den von dieser Geisteskrankheit

Bedrohten rät der Zürcher Humangenetiker Werner Schmid, nicht zu früh zu heiraten: «Haben sie bis zum Alter von dreissig ihre Gesundheit und soziale Tüchtigkeit unter Beweis gestellt, besteht für sie selbst nur noch ein geringes Erkrankungsrisiko und für die Nachkommen sinkt es auf drei Prozent.»

Die «Bürde» ist ein Begriff, mit dem Genetiker einer schwangeren Frau das gesellschaftliche Verständnis von Krankheit vermitteln; diese soziale Kategorie wird quantifiziert und individualisiert – jede Frau reagiert anders und muss selbst wissen, was sie für richtig hält.

Brisant wird die den Frauen vermittelte «Bürde» im Zusammenhang mit der pränatalen Diagnostik: «Risikosenkende Alternativmöglichkeiten» nennt der Chef der Berner Beratungsstelle die künstliche Besamung und die pränatalen Tests (die die Entscheidungsgrundlagen für eine mögliche Abtreibung liefern) – mit dem «grossen Vorteil, dass jeder Familie eine wunschgemässe Anzahl gesunder Kinder ermöglicht werden kann». Suzanne Braga erklärt: «Uns ist es am liebsten, wenn Paare sich *vor* der Zeugung beraten lassen.» Familienplanerische Entscheide sollen von den Frauen bewusst getroffen, objektive Risiken und persönliche Situation vernünftig gegeneinander abgewogen werden.

Risikoindividuen – gezielt erfasst

Innerhalb der Schweiz sticht die Berner Beratungsstelle durch ihre vorpreschenden Aktivitäten heraus. Sie kann als Prototyp künftiger Beratungsstellen gesehen werden, denn was sich dort abzeichnet, ist ein tiefgreifender Wandel in der Rolle der Ärztinnen und Ärzte: Sie warten nicht mehr ab, bis sie aufgesucht werden, sondern wenden sich eigenmächtig an potentielle Kranke. Dadurch werden sie zum Instrument der sich heute abzeichnenden präventiven Gesundheitspolitik, welche Krankheitsursachen an der genetischen Anlage und dem Verhalten des Individuums festmacht (siehe auch den Beitrag

«Gesundheit ist machbar»). Den einzelnen wird der Entscheid, sich mit allfälligen Krankheitsrisiken überhaupt befassen zu wollen, kurzerhand abgenommen. Die Medizin bewegt sich vom heute noch verbreiteten Selbstverständnis, Krankheiten zu heilen – zur Gesundheitskontrolle. «Die meisten Paare kommen zu uns, wenn das kranke Kind schon auf der Welt ist, retrospektiv. Was wir anstreben, ist die vorausschauende, die prospektive Beratung», erklärt mir Suzanne Braga.

Bern ist gut gerüstet: Hans Moser hat ein in England erprobtes Computerprogramm auf die Bedürfnisse seiner Beratungsstelle zugeschnitten. Erfasst worden sind von Moser beispielsweise über sechzig zum Teil weit verzweigte Familien von Morbus-Duchenne-Kranken (vererbter Muskelschwund) aus der Region Bern.

Paare, die die Berner Beratungsstelle aufsuchen, bekommen ihren Platz im elektronischen Archiv mit dem Namen RAPID. Registriert werden neben medizinisch-genetischen auch administrative und sozio-ökonomische Daten: also etwa Beruf des Vaters, Konfession, AHV/IV-Nummer, eigener Beruf und Stellung, aber auch die Einstellung zur Familienplanung, die diskutierten präventiven Vorkehrungen wie pränatale Diagnose und Abtreibung sowie der «Grad des Kinderwunsches». RAPID mit seiner schier unbegrenzten Speichermöglichkeit schluckt auch den Stammbaum rück- und seitwärts, im Ausmass eben, wie es dem Humangenetiker angezeigt erscheint. Mosers System speichert nicht nur, es erlaubt zusätzlich die Neukombination der Daten nach bestimmten Kriterien.

RAPID erlaubt auch die systematische Nachkontrolle: Wie wirkt eine genetische Beratung, möchten die Humangenetiker und Humangenetikerinnen gerne wissen, haben wir die Information richtig vermittelt, und hat das Paar sie verstanden? Oder stiften Dritte – Freunde, Verwandte, Medien – Unsicherheit und Verwirrung? Etwa anderthalb Jahre nach der Beratung verschickt die dafür zuständige Sozialarbeiterin einen entsprechenden Fragebogen. «Wird der Fragebogen nicht retourniert, so senden wir eine Mahnung», erzählt Suzanne

Braga, «über achtzig Prozent der Fragebogen kommen zurück.» Diese Nachkontrollen empfiehlt die Weltgesundheitsorganisation schon seit 1969. Nicht zuletzt, um die Daten der Angehörigen à jour zu halten, denn damit kann prospektiv gearbeitet werden.

«Die Jungen sollen sich bewusst entscheiden können, wie sie ihre Familienplanung gestalten wollen», sagt Braga. Planen kann nur, wer die Gefahren kennt. Ein Knopfdruck genügt, schon druckt der Computer der medizinischen Universitäts-Kinderklinik in Bern eine Liste eben volljährig gewordener Frauen und Männer mit einem gemeinsamen Merkmal aus: Sie sind erblich belastet, zum Beispiel durch eine der Muskelerkrankungen. Weitere Gemeinsamkeit: Die Eltern dieser jungen Frauen und Männer erhalten von der genetischen Beratungsstelle einen Brief. Sie werden höflich angefragt, ob man die betroffenen Kinder über deren erbliche Belastung informieren dürfe. Man darf. 1986 hat sich die Hälfte der durch RAPID ermittelten «Risikoindividuen» freiwillig auf der genetischen Beratungsstelle eingefunden.

Um möglichst viele «Risikoindividuen» zu erreichen, braucht es mehr Daten. Erklärtes Ziel von Moser ist denn auch, «die Angehörigen von Patienten mit genetischen Krankheiten oder Missbildungen systematisch zu erfassen». Fasziniert ist er von einem seit vierzig Jahren laufenden Projekt in Kanada: Dort werden die Daten von «Neugeborenen-Stationen, praktizierenden Ärzten, Stellen des öffentlichen Gesundheitsdienstes, Behandlungszentren für geistig Behinderte, Blinde, Taubstumme usw. gemeldet».

Der Präventivmediziner Felix Gutzwiller aus Lausanne begrüsst Einrichtungen wie das Berner RAPID-System, solche Daten seien wichtig für die Ursachenforschung. Die Schweiz sei hinsichtlich statistischer Datensammlungen noch ein «Entwicklungsland». Doch immerhin: Vierzig Prozent der Schweizer Bevölkerung sind bereits über die sechs Krebsregister abgedeckt, vor kurzem ist in Lausanne das erste Herzinfarktregister eröffnet worden, und medizinische Kreise diskutieren gegenwärtig, ob und wie die Missbildungen von

Neugeborenen gesamtschweizerisch zentral registriert werden sollen.

In den Gesprächen wird mir nur sehr zurückhaltend über die geplanten Register Auskunft gegeben. «Es ist nicht fruchtbar, über etwas zu reden, das erst im Werden ist», meint eine Humangenetikerin. Und auf die Frage nach den gesellschaftlichen Auswirkungen ihrer Arbeit sagt sie: «Klar, wenn man Chromosomen-, DNS-Untersuchungen und was da noch alles hinzukommt, macht, läuft dies schon auf eine gewisse Erfassung der Bevölkerung hinaus, doch unser primäres Ziel ist die Familie selbst.»

Dass der unklare Datenschutz die Öffentlichkeit beunruhigt, dessen sind sich die Verantwortlichen bewusst und diskutieren entsprechend. Dass sie vielleicht gar nicht registriert sein möchte, auch unter dem besten Datenschutz nicht, ist ihnen ein fremder Gedanke.

An Registern interessiert ist auch ein Teil der Linken, der beabsichtigt, mit statistischen Daten die gesellschaftlichen Bedingungen von Krankheit zu beweisen, beispielsweise die Nachwirkungen des Sandoz-Giftunfalls Schweizerhalle. Sie hoffen, damit die besseren Argumente zu haben, um politische Forderungen durchsetzen zu können. Mit denselben Waffen wie der Gegner zu kämpfen, ist verhängnisvoll: Es sind *persönliche* Daten der Menschen zu ihrer Lebensweise und ihren genetischen Anfälligkeiten, im Zusammenhang mit der Umwelt, die für Krankheitsregister gesammelt werden müssen; zentralisierte Daten, die auch den Gegner interessieren – gerade heute, wo auf die Kostenexplosion im Gesundheitswesen mit dem Schlagwort «Selbstverantwortung für die eigene Gesundheit» reagiert wird.

Deine Gene – deine Schuld

1984 haben sich Schweizer Humangenetiker und Präventivmediziner erstmals zusammengesetzt und ihr Krankheitsverständnis diskutiert. «In unserer leistungsbetonten Zeit gewinnen auch leichte Störungen und Handicaps dramatische Bedeutung für Entwicklung, Integration, Fortkommen und Behauptung», äussert sich ein Präventivmediziner an der Tagung. Es sei wichtig zu klären, ob «Verhaltensmuster, Krankheitsrisiko und Krankheit selbst entweder genetisch verankert oder erworbene Folge» seien. Weshalb ist das so wichtig?

Zum Beispiel gehören die Söhne von Alkoholikern mit ihrem neunmal höheren Risiko, selbst alkoholkrank zu werden, noch zur Risiko*gruppe*; die Gendiagnostik macht sie zu identifizierbaren Risiko*individuen*. Am Institut für Biochemie und Molekularbiologie in Bern wird im Rahmen eines internationalen Forschungsprogrammes versucht, eine Wechselbeziehung zwischen den alkoholabbauenden Enzymen* und der Empfindlichkeit auf Alkohol zu finden. Schneller Alkoholabbau wird auf Enzymvarianten zurückgeführt, und länger dauernder Alkoholkonsum führt zu Enzymveränderungen, die erlauben, immer mehr zu trinken. In einigen Jahren könnte diese Forschung ihr Ziel, die individuelle Empfindlichkeit auf Alkohol zu bestimmen, erreicht haben, rechnet Jean-Pierre von Wartburg, Leiter des Instituts und Mitglied der Eidgenössischen Kommission für Alkoholprobleme. «Dann sollte der Alkoholismus ebenso selbstverständlich als biochemisch bedingte Krankheit hingenommen werden wie eine Zuckerkrankheit. Diese Erkenntnisse sollten dazu führen, dass man sein Konsumverhalten der eigenen Veranlagung anpasst», meint er. «Die eigene Veranlagung kennen zu wollen, muss freiwillig bleiben. Dies gilt, solange es um meine eigene Freiheit geht, die niemanden sonst belastet.»

Mit diesem neuen Krankheitsverständnis, bei dem die Kenntnis der genetischen Anlage eine zentrale Rolle spielt, wird die Verantwortung für die Krankheit individualisiert. Von da ist es nicht weit zu einer Schuldzuweisung, weshalb sich auch Versicherungen weigern könnten, Zahlungen zu leisten. «Theoretisch ist das denkbar», meint der liberale Präventivmediziner Gutzwiller, auf diese Entwicklung der Humangenetik angesprochen, doch komme man damit nicht weiter. «Die Ärzteschaft würde sich dagegen wehren; allerdings hängt dies von der gesamtgesellschaftlichen Entwicklung ab und wird nicht von der Medizin bestimmt.» Ob die Ärzteschaft sich tatsächlich wehren würde, ist fraglich, denn die Medizin wirkt mit ihrem Verständnis von sich und von Krankheit bei dieser Entwicklung entscheidend mit.

Was Wunder, dass sich auch die Grenzen zwischen dem, was noch gesund, und dem, was schon krank ist, zu verschieben beginnen. Ein Beispiel ist das Klinefelter-Syndrom. Mit diesem medizinischen Befund, der zweithäufigsten Chromosomenanomalie, sind meist Frauen über fünfunddreissig konfrontiert: ein überzähliges X-Chromosom bei Buben, das sich in weichen, weiblichen Körperformen und Unfruchtbarkeit zeigt. Jeder zweite wird in der Schule als nicht angepasst bezeichnet. Zum Syndrom gehören weiter «Sprach- und Konzentrationsschwierigkeiten, Mangel an Initiative und Ausdauer, fast keine Abwehrreaktionen und eine starke Abhängigkeit von den Eltern». Die Betroffenen bewähren sich dann in der Berufslehre «überraschend gut». Zu den Persönlichkeitsmerkmalen im Erwachsenenalter zählen «Kontaktschwierigkeiten, wenig Selbstvertrauen und Ehrgeiz sowie geringe Libido».

Mit diesen sozialen und psychischen Kategorien beschreibt ein Humangenetiker das Krankheitsbild. Der medizinische Befund, das überzählige X-Chromosom, hat für sich keinen Aussagewert. Sogenannte Defekte mögen biologisch begründet sein, ihre Wirkungen sind immer soziale. Intelligenz, Rationalität werden in unserer Gesellschaft derart hoch bewertet, dass jeder «geistige Entwicklungsrückstand» auffällt und sich schnell der Grenze zum sogenannt Anormalen, Krankhaften nähert. Das erwähnte unangepasste Verhalten ist eine Reaktion auf den höllischen Stress, dauernd zu langsam – also auffällig – zu sein und damit den gesellschaftlichen Erwartungen nicht zu genügen. Beim Klinefelter-Syndrom entscheiden sich nach Schmid die meisten Frauen «mit Bedenken» für eine Abtreibung.

Das Wohl von Frau und Kind – eine marktwirtschaftliche Grösse

Den Wert ihrer Arbeit schätzen die Humangenetiker richtig ein: Gesunde waren für die Gesellschaft schon immer billiger als Kranke. Etwa drei von hundert Neugeborenen haben angeborene Missbildungen. Dazu zählen neben den Erbkrankheiten auch Gebrechen, die während der Schwangerschaft und Geburt entstehen. Diese Zahl ist stabil, doch einzelne Störungen treten heute stärker in Erscheinung, und zwar jene, die als Folge des medizinischen Fortschritts behandelt, aber – wie es genetisch bedingten Störungen eigen ist – nicht geheilt werden können. Die Kinder überleben.

Nun wird vorgerechnet, dass diese Kranken einen Drittel aller Spital-Pflegetage beanspruchen. Auch Kinder mit der Trisomie 21 leben dank der Antibiotika und Herzoperationen länger, doch scheinbar war das nicht beabsichtigt: «Berechnungen haben ergeben, dass der Staat für die Behandlung und Betreuung eines schwer behinderten Patienten (z. B. Mongoloide) bei einer mittleren Lebenserwartung von 25 Jahren mindestens Fr. 250000.- aufzuwenden hat. Wenn es also gelingt, durch konsequente Erfassung dieser Patienten und genetische Beratung ihrer Angehörigen sowie durch die modernen präventiven Methoden die jährliche Zahl von Geburten genetisch geschädigter Kinder auch nur um vierzig zu verringern, dann ergeben sich für das genannte Gebiet Einsparungen bis zu zehn Millionen Franken pro Jahr!» So rechnet der Berner Genetiker Hans Moser vor. Schon 1971 meinte Werner Schmid zum Fruchtwassertest, er sei immer noch um vieles billiger als «die lebenslängliche Betreuung eines Schwachsinnigen».

Die Institute brauchen Geld für ihre Arbeit. Verschiedene Krankenkassen übernehmen die Kosten freiwillig, obwohl Vorsorgeuntersuchungen in der Regel nicht gedeckt sind. Seit dem wegweisenden Entscheid des Eidgenössischen Versicherungsgerichts von Ende 1986 müssen Fruchtwassertests bei Frauen ab fünfunddreissig von den Krankenkassen übernommen werden.

Zum gleichen Zeitpunkt hat auch die Ärzteverbindung der Öffentlichkeit angekündigt, sie werde sich darum bemühen, dass vorgeburtliche Untersuchungen gesetzlich «von der Gemeinschaft» finanziert werden. Einstweilen – die genetische Beratung hat sich noch nicht eingebürgert – werden die Tarife einzelner Untersuchungen beispielsweise in Zürich mit kantonaler Unterstützung künstlich tief gehalten, insbesondere jene der sehr teuren Genanalyse. Als der Kanton Zürich den Antrag ablehnte, das humangenetische Institut auszubauen, gründete der Leiter dieses Instituts, Werner Schmid, zusammen mit zwei Ärzten 1986 ein privates Laboratorium, die Genetica AG in Zürich. Die Frauen, bei denen die Krankenkassen die Kosten nicht übernehmen, werden vom Institut an dieses Privatlabor verwiesen. Die Clinica in Genf ist das zweite neu gegründete Privatlabor für pränatale Diagnostik der Schweiz.

Schmid schreibt, genetische Beratung werde von den Instituten zum Teil auch gratis durchgeführt, etwa, wenn die Beratungsstellen «aufgrund von Kenntnissen bei Klinik- und Heimpatienten von sich aus an die Blutsverwandten herantreten». «Finanzielle Erwägungen brauchen in der Schweiz wirklich niemanden davon abzuhalten, eine genetische Beratung zu suchen.» Schmid rät den Hausärzten, ein Paar, das bereits ein krankes Kind gezeugt hat, genetisch zu beraten. Falls die Hausärzte befürchten, damit ihr Vertrauensverhältnis zur Familie aufs Spiel zu setzen, sollen sie das Paar an einen Fachmann verweisen: «Der Genetiker hat den Vorteil, dass er über die Krankheit als etwas Allgemeines, Abstraktes sprechen kann und dass nicht jedes seiner Worte sofort in Beziehung zum individuellen Fall gesetzt wird.» Es sei Pflicht jedes Arztes, lehrt Schmid, die schwangere Frau auf allfällig erhöhte Missbildungsrisiken und auf die pränatale Diagnose aufmerksam zu machen. «Unterlässt er aber die Aufklärung, so kann er haftungsrechtlich belangt werden.»

Zwei bis drei Ultraschall-Untersuchungen pro Schwangerschaft haben sich in den siebziger Jahren als üblich durchgesetzt. Der Alpha-Feto-Protein-Test* (AFP) solle jeder schwangeren Frau empfohlen werden, ist einem Forschungsbericht von 1984 zu diesem Test zu entnehmen. Nach Felix Gutzwiller, der an dieser Studie mitarbeitete, folgen diesem Ziel leider erst ein Drittel bis knapp die Hälfte der Schweizer Ärzteschaft. «Auch Frauen, die nicht abtreiben wollen, sollten den AFP-Test machen. Ist das Kind behindert, so können sie sich bewusst darauf vorbereiten.» Den Frauen ab fünfunddreissig muss mitgeteilt werden, dass ihr Risiko hoch ist, ein erbgeschädigtes Kind zu gebären. Gut zwei von drei Frauen in diesem Alter haben 1984 im Kanton Zürich freiwillig den Fruchtwassertest gemacht. Schmid weist darauf hin, dass die Gesetze der Vererbung sich jeglichen gesellschaftlichen Zwangsmassnahmen entziehen: Mutationen* und multifaktorielle Krankheiten machen den Hauptteil der vererbten Krankheiten aus, und diese folgen keinen Vererbungsgesetzen. Bei den rezessiv vererbten Krankheiten gibt es auf eine erkrankte Person einige hundert Trägerinnen und Träger des jeweiligen Gens, und wollte man diese ausrotten, so müsste man «praktisch die Menschheit ausrotten». Und er schreibt: «Vieles von dem, was die einstige Eugenik anstrebte, erreicht man heute freiwillig durch die Mittel der genetischen Beratung.»

Die Schachfiguren: Frauen

Beim Lesen der Fachartikel sehe ich die Verantwortlichen Schach spielen – die Frauen sind die Bäuerinnen. Gedanklich durchgespielt wird die Frage: Wie können möglichst viele Kranke verhindert werden, ohne dabei die Gesunden abzutreiben? Streng logisch werden die Varianten der Erbberatung dargelegt und dann – sich auf die immer noch herrschenden Realitäten besinnend – jene verworfen, die den freien Willen tangieren. Beispielsweise ist es der männlichen Logik folgend nicht von der Hand zu weisen, dass die Trisomie 21 dann am wirksamsten vermieden werden kann, wenn nur noch Frauen unter fünfunddreissig Jahren ein Kind zeugen. Ein Gedanke, zwar verworfen – aber doch gedacht. Die Frauen werden zur fötalen Umgebung des Kindes herabgewürdigt.

Die Vertreter der Humangenetik, vorwiegend Männer, sind überzeugt, dass ihr Tun richtig ist, sie schützen Einzelpersonen vor Leid. Das Bedürfnis, die gesellschaftlichen Auswirkungen ihrer Arbeit zur Sprache zu bringen, fehlt ihnen oder sie grenzen diese als etwas gänzlich jenseits ihrer Verantwortung Liegendes aus. Ihr Codewort ist die «Freiwilligkeit»: Niemand muss müssen! Deshalb tendieren sie auch keineswegs dazu, die «eugenische Indikation» im Abtreibungsparagraphen zu verankern. Schmid schreibt dazu: «Sie löst lediglich eine unfruchtbare Diskussion darüber aus, wie man Krankheiten und Missbildungen in lebenswerte und lebensunwerte Kategorien einteilen müsse.» Die, die tagtäglich mit diesen Kategorien arbeiten, geben vor, den Entscheid, wo nun das nichtlebenswerte Leben beginne, den Frauen zu überlassen.

Tüchtig, brav und arbeitsam: Die eugenische Tradition

Eugenik – wer denkt nicht an die Zeit von 1933 bis 1945; im nördlichen Nachbarland herrschen Terror und Schrecken; ein Staat nimmt sich das Recht heraus, die «nordische Rasse», blond und blauäugig, zu planen und das Nicht-Nordische als «lebensunwert» zu vernichten. Das Konzept der Rassenhygiene ist im Dritten Reich zu einem Regierungsgrundsatz erhoben und staatspolitisch durchgesetzt worden.

Und was tat sich damals in der Schweiz? Der Bundesrat plant Anfang der vierziger Jahre, eugenische Grundsätze in der Verfassung zu verankern. Allerdings prägt hier nicht der rechte Flügel der Eugenik, welcher eine «Aufartung der nordischen Rasse» bezweckt, die Diskussion, sondern es sind die Liberalen, die an eine «wertfreie Selektion» glauben – Erbgeschädigte können reich oder arm, weiss oder schwarz sein; auch heute kennt man das, als «Objektivität».

Was sich seither geändert hat, ist der Tonfall: Das ideologisch-moralische Pathos der Vorkriegszeit, der Glaube an eine blühende Zukunft, ist den sogenannten Sachzwängen der Gegenwart gewichen. Und das menschliche Erbgut, einst nur in seiner Erscheinungsform am Menschen selbst zu beobachten, ist heute als Materie greifbar geworden: als Genom *.

Eugenik – Geburtenpolitik – Frauenpolitik

«Die Eugenik war eine Antwort (...) auf die sich verbreitende Geburtenkontrolle», schreibt die Sozialwissenschaftlerin Gisela Bock in ihrer 1986 veröffentlichten Arbeit «Zwangssterilisation im Nationalsozialismus». Der Bevölkerungsrückgang, der heute unter dem Motto «Sterben die Schweizer aus?» wieder politisch aktuell ist, beunruhigte zu Beginn der zwanziger

Jahre verschiedene europäische Staaten – und auch die Schweiz. Zeitgenossen erklärten sich den Bevölkerungsrückgang mit dem gestiegenen Wohlstand sowie dem medizinischen Fortschritt, wodurch mehr Säuglinge überlebten und daher plötzlich sehr viel weniger Kinder gezeugt wurden. Aber auch die wachsenden Kosten für Kinder, der Sozialismus, die Emanzipation der Frauen und ihre Berufstätigkeit, die Industriearbeit seien schuld daran. Vor allem diskutiert werden jedoch die aufkommenden Verhütungsmittel und die Abtreibung. Wenn daher die Frauen schon weniger Kinder gebären, dann sei zumindest auf deren Qualität zu achten.

Charles Darwin hat um 1850 den Fortschritt der Zivilisation mit der «natürlichen Auslese» erklärt, die sich im gesellschaftlichen «Kampf ums Dasein» zeigt. Fünfzig Jahre später diskutieren die Eugeniker die These, die Natur könne die Ausmerze schwacher, untüchtiger Elemente gar nicht mehr gewährleisten, weil sie vom gesellschaftlich-technischen Fortschritt daran gehindert werde. Darum treten sie auf den Plan und ersetzen den ausfallenden Naturvorgang mit ihrer künstlichen Selektion.

Immer mehr wird in der Zeit nach Darwin die sozialpolitische Machtfrage zwischen den Geschlechtern und Rassen «biologisch» interpretiert. 1883 erscheint Francis Galtons wegweisende Schrift zur Lehre der Eugenik, einer «Wissenschaft, die sich mit allen Einflüssen beschäftigt, welche die angeborenen Qualitäten einer Rasse verbessern». Die Eugenik ist von Anfang an medizinisch begründete Sozialpolitik, die beansprucht, nach rationalen, objektiven – da wissenschaftlichen – Gesichtspunkten zu werten und über den Lebenswert von Menschen zu richten. «Die höchste Aufgabe der ethischen Tat ist die Arbeit für das Wohl der künftigen Generationen.» So begründet der Mediziner August Forel zu Anfang unseres Jahrhunderts den gesellschaftlichen Nutzen der Eugenik.

Die Eugeniker sind nicht gegen Verhütung. Diese soll nach Forel vielmehr «in erster Linie qualitativ, im Sinn einer rationalen Eugenik geschehen». Ihr Instrument sind die Techniken der Kastration und verschiedene Formen der Sterilisation. Es war *ihr* Instrument: Frauen konnten sich nicht persönlich für eine Sterilisation als endgültige Verhütung entscheiden, denn «Gefälligkeitssterilisationen» werden «im Bewusstsein der grossen ärztlichen Verantwortung entschieden abgelehnt».

Die wissenschaftlich dokumentierte Sterilisationspraxis der Schweiz von 1900 bis 1930 wird von einem deutschen Wissenschaftler, der sich 1934 umschaut, von welchen ausländischen Erfahrungen das Dritte Reich profitieren könnte, als vorbildlich hervorgehoben. Innerhalb der Schweiz kann sich vor allem der Kanton Zürich einer langjährigen Praxis rühmen.

Forel war ein Sozialist

Vor hundert Jahren, 1886, hat August Forel als Leiter der Irrenanstalt Burghölzli in Zürich zum ersten Mal eine Frau kastriert, die an «sexuell bedingten hysterischen Erregungszuständen» leidet, er operiert ihre Eierstöcke heraus.

Forel hätte kaum etwas dagegen, als eigentlicher Begründer der eugenischen Theorie und Praxis in der Schweiz bezeichnet zu werden. Die Lehre der Eugenik soll zwar Galton als erster formuliert haben, doch Forel betont 1910 rückblickend: «Unabhängig von ihm habe ich seit vielen, seit mehr als zwanzig Jahren die gleiche Arbeit unter dem Titel ‹Menschliche Zuchtwahl› vertreten und zu begründen versucht.»

Für seine umfangreichen Ameisenforschungen und für seine Verdienste wird Forel heute auf der schweizerischen Tausendernote geehrt.

Forel, geboren 1848, muss ein faszinierender, unnachgiebig streitender Zeitgenosse gewesen sein. Er kämpft gegen den weit verbreiteten Alkoholismus, gegen Krieg und Nationalchauvinismus. Seine Beobachtungen an Ameisen bringen ihn zur Überzeugung, dass Gerechtigkeit über ein fest organisiertes Zusammenleben mit Gemeinschafts- und Opfersinn auch unter Menschen möglich sei; 1916 tritt er der Sozialdemokratischen Partei bei. Immer wieder setzt er sich für die Gleichberechtigung der Frau ein (Warum soll «eine gebildete Frau» kein Stimmrecht haben, wohl aber «die Schar von Dummköpfen unter den Männern?»). Und er verurteilt die freie, staatlich nicht abgesegnete Liebe nicht – sofern gesunde Nachkommen geboren werden. Forel will den Menschen zu ihrem Glück verhelfen und gibt sich «deshalb grosse Mühe, uns auf die Eugenik aufmerksam zu machen», schreibt sein Schüler Fritz Brupbacher. Allerdings zweifelt Brupbacher an der Idee Forels, wonach der «soziale Instinkt» vererbt sei, und bemerkt, in der Vererbungslehre sei er «vielleicht zu weit» gegangen. Grundsätzlich aber widerspricht das eugenische Denken den Ideen des Sozialismus in keiner Weise: Wie die Arbeit, kann auch die Kinderproduktion gesellschaftlich organisiert werden!

Der wissenschaftliche Rassismus

Zu Beginn der zwanziger Jahre betreten die Politiker das Terrain. Der freisinnige Zürcher Stadtrat Hermann Häberlin klagt: «Es ist betrübend und überraschend, wie weitsichtige Geschäftsleute beim Ankauf eines Pferdes oder Hundes deren Stammbäume genau erforschen und beim Preis berücksichtigen, bei der Auswahl der Frau oder der Schwiegerkinder dafür aber kein Verständnis haben und sich nur nach dem Bankguthaben erkundigen.» Und er schlägt vor: «Obligatorische Einführung erbbiographischer Personalbogen (...), worin alle Tatsachen über Anlage, Charakter, Krankheit usw. eingetragen würden.»

Das Stichhaltige, die Fakten, übernehmen die Politiker von den Wissenschaftlern. Diese machen eifrig Stammbaum- und Zwillingsstudien, beweisen die «überdurchschnittliche Fortpflanzung der Eltern von Erbschwachsinnigen», zählen die Irren und streiten sich, ob nun vier oder zehn Prozent der Schweizer Bevölkerung geisteskrank seien und wie stark die «Bevölkerungsentartung» zunehme. Wichtig ist auch die Berechnung des «ökonomischen Ausfalls» durch 13000 in Anstalten sitzende Frauen und Männer, nämlich «45 Millionen Franken jährlich».

Die Ende des letzten Jahrhunderts entstandene Disziplin der Hygiene blüht auf. Die Hygiene umfasst zum einen die Individualhygiene, die Gesundheit des heute lebenden Individuums: Ernährungsfragen, Wohnverhältnisse, Arbeitssituation werden berücksichtigt; zum andern ist die Gesundheit des Volkes und seiner zukünftigen Generationen, die Eugenik, ihr Gegenstand. Für Individuum und Volk gilt, was Forel kurz und bündig so zusammenfasst: «Es kommt vor allem darauf an, dass man tüchtige, erbliche Menschenwerte erzeugt, und alle diese tüchtigen, erblichen Menschenwerte ebenso tüchtig und brauchbar sozial erzieht.» Erklärtes Ziel der Hygiene ist «Schutz, Vorsorge, Prophylaxe» in beiden Bereichen. Heute ist die Sozial- und Präventivmedizin dafür zuständig.

In den zwanziger Jahren diskutieren die Ärzte darüber, ob die Sterilisation als Zwangsmassnahme gesetzlich geregelt werden soll. Das erste Sterilisationsgesetz wird 1928 im Kanton Waadt ausgearbeitet und erregt international Aufsehen. Dazu angeregt hat ein Lausanner Professor, der den operierenden Arzt vor gerichtlicher Verfolgung wegen Körperverletzung schützen möchte. Doch die Juristen wehren sich entschieden dagegen, den Ärzten einen generellen Freipass auszustellen. So werden zwei ärztliche Gutachten nötig, um den Gesundheitsrat des Kantons über die Sterilisierung «Geistesschwacher» entscheiden zu lassen.

In ihrer Mehrzahl ist die Ärzteschaft jedoch gegen eine Regelung. Der von 1927 bis 1942 als Direktor des Burghölzli in Zürich tätige Hans W. Maier begründet es, ganz im Sinne von Forel: Die Sterilisation sei keine strafbare Körperverletzung, wenn sie zu «Heilzwecken» vorgenommen werde. Das gilt auch heute noch: Wenn etwas unter den Begriff Heilung fällt, erscheint es als unanfechtbar, selbst ein Eingriff ins Erbgut. Maiers Beispiel für eine medizinische Indikation der Sterilisation ist eine Frau mit «psychotischen Anlagen»; während einer Schwangerschaft würde sich die Geisteskrankheit verschlimmern. «Gerade bei psychiatrischen Fällen (...) wird in der Regel hierdurch auch gleichzeitig ein eugenischer Zweck erreicht.» Unklar sei die gesetzliche Lage allerdings, wenn «nur wegen der Nachkommenschaft oder nur wegen der sozialen Not sterilisiert werden soll». Doch zeige die Praxis, dass die medizinische, eugenische und soziale Indikation meist ineinander übergehen. «Eine soziale Indikation werden wir nicht deshalb stellen, weil Geldmangel vorhanden ist, sondern weil die *Verelendung* auf den sonst schon schwachen Organismus der betreffenden Frau dermassen verheerend einwirkt, dass durch weitere Schwangerschaften die Integrität der Persönlichkeit und die Gesundheit, häufig gleichzeitig in physischer und psychischer Richtung, aufs schwerste gefährdet würden. Damit verbindet sich häufig auch eine schlechte Erbprognose.» Maier meint, unter anderen Bedingungen sei ein Sterilisationsgesetz durchaus gerechtfertigt, doch in hiesigen Verhältnissen nicht nötig, da «die schweizerischen Juristen einer medizinisch-eugenischen Begründung der Unfruchtbarmachung bisher noch keine Schwierigkeiten bereitet haben». Gesetzliche Zwangsmassnahmen erübrigten sich auch im Hinblick auf die «Widerspenstigen». «Der gewünschte Erfolg in der Praxis» könne «durch behördliche Einweisung des Betreffenden in Pflege- und Verwahrungsanstalten» erzielt werden.

Die Frauen – arm an Geld, Geist und Gemüt

Überrascht bemerken die Eugeniker in ihren rückblickenden Studien Ende der dreissiger Jahre, dass sie fast ausschliesslich Frauen sterilisieren, obwohl sich die Eugenik doch als wertfreie Wissenschaft versteht: Mann und Frau, Arme und Reiche können erblich belastet sein. Allerdings zeigten «sorgfältige Untersuchungen», so Forel, «dass die Nachkommen tüchtiger, braver, arbeitsamer Menschen im Durchschnitt alle Chancen haben, auch tüchtig, brav und arbeitsam zu werden, während schlechte, minderwertige Menschen im Durchschnitt ebensolche erzeugen». Die Minderwertigen seien «sowohl in ihrer Intelligenz wie in ihrem Willen und in ihrer Gemütsart Unfähige». Und leider pflege «Armut, Unwissenheit und Aberglaube (...) mit menschlicher Kaninchenzucht einherzugehen».

Einige Armenbehörden sind derselben Meinung und plädieren für die Sterilisation mittelloser und «unsittlicher» Frauen, die ihre Kassen zu belasten drohen. In einer amtlichen Mitteilung des Kantons Bern von 1931 heisst es zur Sterilisation: Einzelne Behörden schreckten nicht davor zurück, «gegenüber den Frauenspersonen (...) zur Erzielung dieser Einwilligung Druckmittel anzuwenden, die vor dem Gesetz und dem Gewissen unzulässig sind». Arm an «Geld, Geist und Gemüt» – das trifft die Frauen zuerst. Sterilisiert werden Frauen wegen «Geistesschwäche, Geisteskrankheit, lasterhaftem Lebenswandel, abnormem Sexualtrieb, menstruellen Erregungszuständen, moralischer Verwahrlosung». Und nicht zuletzt trifft es auch die «Frauen psychotischer Männer». Auf diese damals alltägliche Sterilisationspraxis, gerade auch in der Schweiz, verweist Gisela Bock und vervollständigt die Liste der Indikationen: «Onanierende, ‹nymphomane›, lesbische Frauen, uneheliche Mütter ohne zahlungsfähige Väter, erziehungsunfähige Mütter, verführte und vergewaltigte Mädchen, vagabundierende und ‹hysterische› Frauen, Kindsmörderinnen.»

Populär bis in den Bundesrat

1933 tritt in Deutschland das Sterilisationsgesetz in Kraft, das erlaubt, Erbgeschädigte und Alkoholkranke zu sterilisieren. Von der Schweizer Presse wird es verständnisvoll zur Kenntnis genommen. «In einem vernünftigen, demokratisch kontrollierten Staatswesen wäre das Gesetz in seiner vorläufigen Fassung hinzunehmen (...). Nicht das Gesetz ist also schlecht, aber man muss befürchten, dass es zu Schlechtem missbraucht werde», kommentiert das sozialdemokratische Volksrecht am 2. August 1933. Der Schweizer Ernst Rüdin, ein wissenschaftlich anerkannter Experte, hat am deutschen Gesetz entscheidend mitgewirkt. Rüdin schreibt 1934 über Hitler: «(...) und erst durch ihn wurde endlich unser mehr als dreissigjähriger Traum zur Wirklichkeit, Rassenhygiene in die Tat umsetzen zu können.»

Ein Traum, den Rüdin in der Schweiz geträumt hat, und nicht allein. Rüdin, der die «biologische Inventarisierung der ganzen Bevölkerung eines Gebietes» gefordert hat, ist 1925 wegen seiner langjährigen, rassehygienischen Arbeiten Direktor der Irrenanstalt Friedmatt Basel geworden. Und Basel hat er 1928 nicht wegen Konflikten verlassen, sondern weil Deutschland ihm ein breiteres Wirkungsfeld geboten hat. Der Bundesrat entzieht ihm, der 1937 der Nationalsozialistischen Partei beigetreten ist, 1945 das Schweizer Bürgerrecht. Rüdins Arbeiten sind bis heute wissenschaftlich anerkannt: Der Psychiater Christian Scharfetter aus Zürich erwähnt in den siebziger Jahren in einem Fachartikel zur Vererbung von Geisteskrankheiten Rüdins Verdienste um den «grossen Fortschritt in der psychiatrischen Erblehre».

1926 läuft *das* eugenische Programm der Schweiz an: die Aktion «Kinder der Landstrasse». Bis Anfang der siebziger Jahre entreisst die Pro Juventute über 600 jenische Kinder ihren Müttern und plaziert sie gewaltsam in Heimen und psychiatrischen Anstalten, da die Fahrenden inzüchtlerisch und kriminell seien. Das Hilfswerk praktizierte ein Vorgehen, «das sowohl die milieubedingte als auch die genetische Vererbung ausschalten sollte, nämlich die Kindswegnahme als Verhinderung der Weitergabe von kulturspezifischen Traditionen einerseits und anderseits als Voraussetzung zur Vermischung des biologischen Erbgutes der Jenischen mit der Erbmasse der Sesshaften», schreibt der Historiker Thomas Huonker. Seit 1929 ist dieses Programm vom Bund jährlich subventioniert worden.

Die Gesunden zur Ehe ermuntern, auch durch Familien- und Kinderzulagen, die Kranken und sozial Randständigen von der Ehe abhalten – das sind zentrale Anliegen der Eugeniker; die Eheberatungsstellen sind ein Mittel dazu. Nach deutschem Modell werden diese in den dreissiger Jahren in verschiedenen Schweizer Städten gegründet, mit Eugenikern als Leiter oder im Vorstand.

Nicht nur Mediziner haben sich Ende der zwanziger Jahre dafür eingesetzt. Mit einer Eingabe an den Zürcher Stadtrat fordert die Sozialdemokratische Frauengruppe als erstes die «psychologische und eugenetische Beratung der Ehekandidaten». Die Charaktere der beiden sollten zusammenpassen: «Psychologisch unhaltbare Verbindungen, soweit sie als solche zum voraus zu erkennen sind, sollen nach Möglichkeit verhindert werden.» Auch soll sich «die Untersuchung auf hinreichende Gesundheit und Ehetauglichkeit» erstrecken, «Weckung des Verantwortungsgefühls in eugenetischer Hinsicht». Die Geburtenregelung erwähnen die Sozialdemokratinnen im letzten Punkt der Eingabe: Abtreibung soll weiterhin ungesetzlich bleiben. Ganz im Gegensatz dazu setzen sich die Kommunistische Frauengruppe, Brupbacher und andere für Eheberatungsstellen ein, mit denen die Frauen in erster Linie bei der Geburtenregelung und bei der Abtreibung unterstützt werden sollen. Eugenische Absichten formulieren sie nicht, kritisieren sie aber auch nicht.

Populär sind die Beratungsstellen nie geworden. Jahr für Jahr klagen sie darüber, ihren «eugenischen Zweck» nur unvollkommen erfüllen zu können, «weil im Volk das Bedürfnis nach dieser Beratung noch nicht vorhanden ist». Das Volk muss mit einer regen publizistischen Tätigkeit, mit Vorträgen und Merkblättern aufgeklärt werden. Die Schweizerische Gemeinnützige Gesellschaft (SGG) arbeitet mit den Beratungsstellen zusammen und verfasst 1939 die Merkblätter «Gesunde Kinder, gesundes Volk» und «Glück oder Unglück durch Vererbung»; beide werden bis in die Zeit nach dem Zweiten Weltkrieg immer wieder neu aufgelegt.

Dass trotz des Artikels 97 ZGB, der den Ehe- und Familienschutz bei Geisteskrankheit und Geistesschwäche regeln sollte, der Heirat von «körperlich und geistig Erbkranken» nicht wirklich ein Riegel geschoben werden kann, beschäftigt die SGG jahrelang. Es müssten «Ehefähigkeitszeugnisse beim Zivilstandsamt» verlangt werden, aber auch andere Massnahmen seien denkbar, Hauptsache, diese geben «den Gesundheitsbehörden Einblick in die erbgesundheitlichen Verhältnisse von Ehekandidaten». 1942 verfasst die SGG eine Eingabe an das Justiz- und Polizeidepartement (EJPD), worauf eine Kommission den Ergänzungsvorschlag zum Artikel 97 erarbeitet: Danach sollten «Vormundschafts-, Fürsorge-, Armen- und Polizeibehörden sowie die militärischen, sanitarischen Untersuchungskommissionen, (...) Gerichtsbehörden, (...) staatliche und private Heilanstalten» einer jeweils kantonalen Kontrollstelle Bericht erstatten, sobald die Ehefähigkeit eines Bürgers oder einer Bürgerin «zu ernstlichen Zweifeln Anlass gibt». Die kantonale Kontrollstelle errichtet eine «Kartothek», wo sich der Zivilstandsbeamte vor jeder Eheankündigung erkundigen kann, ob zum Geisteszustand der Frauen und Männer, die heiraten wollen, etwas vorliegt. Dieser Änderungsentwurf wird während Jahren im EJPD und von den Eheberatungsstellen diskutiert und versandet erst zu Beginn der fünfziger Jahre.

Artikel 97 ist jedoch nicht das einzige, was den Bundesrat in den vierziger Jahren beschäftigt: 1944 erwägt er, die Eugenik in der Verfassung zu verankern. In einem Bericht zum Familienschutz ist der Berner Historiker Thomas Fischer auf eugenisch motivierte Überlegungen gestossen, die sein Interesse an den Handakten des freisinnigen Bundesrates Walter Stampfli geweckt haben. Es «soll nicht erbkranken Familien noch besonders geholfen werden», heisst es in einer anonymen Notiz des Dossiers. Auch sei mit der Ergänzung des Artikels 97 geplant, «in allen Kantonen grosse Register über Erbkranke anzulegen (...), so dass es gar nicht ausgeschlossen ist, dass etwa in zehn Jahren schon sehr wesentliche Handhaben zur praktischen Verwirklichung eugenischer Vorkehren gegeben sein werden».

Wie ist es dazu gekommen? 1941 hat die Schweizerische Konservative Volkspartei (SKVP) die Initiative für die Familie, einen katholisch-konservativen Familienschutzartikel, lanciert. Unter anderem sollte damit dem seit den dreissiger

Jahren weiter verstärkten Bevölkerungsrückgang entgegengewirkt werden. Der Bundesrat sah sich veranlasst, der konservativen Haltung der Initiative mit einem Gegenvorschlag entgegenzutreten. Im Bundesamt für Sozialversicherung (Volkswirtschaftsdepartement, EVD) wird dieser unter Arnold Saxer, einem Freisinnigen, der gemeinsam mit Stampfli als Vater der AHV in die Geschichte eingegangen ist, ausgearbeitet und 1944 der Bundesversammlung präsentiert.

Im ersten Satz des Gegenvorschlags wird verlangt, der Bundesrat habe «den Forderungen der Erbgesundheitspflege Rechnung zu tragen». Weiter heisst es im Bericht des Bundesamtes: «Auch unter dem Gesichtspunkt der Eugenik wird staatlicher Familienschutz im negativen und positiven Sinne ohne weiteres angezeigt erscheinen, wenn die tatsächlichen Voraussetzungen für Gründung und Bestand der Familie so liegen, dass ohne besondere Massnahmen eine weitere Zunahme der Erbkrankheiten nicht verhindert werden könnte.»

Heute berät der Humangenetiker Hans Moser eine bundesrätliche Kommission, die zu Fragen der Gen- und Fortpflanzungstechnologie eine Stellungnahme ausarbeitet. In den vierziger Jahren haben fünf Eugeniker und drei weitere Berater der katholischen Fraktion diese Aufgabe übernommen. Wie der in den Handakten von Stampfli liegenden Notiz zu entnehmen ist, «sollte an den schon sehr mannigfachen Äusserungen von medizinischer Seite über die Notwendigkeit einer Berücksichtigung der Eugenik im Zusammenhang mit dem Familienschutz nicht achtlos vorübergegangen werden».

Die Eugenik im Familienartikel wird schliesslich nicht in die Bundesverfassung aufgenommen. Josef Escher, Nationalrat und Mitglied des SKVP-Initiativkomitees, hat seinen Parteikollegen Bundesrat Philipp Etter davor gewarnt, denn dies könne «in unseren Reihen zu äusserst unerquicklichen Diskussionen führen», obwohl die SKVP an sich nichts gegen qualitative Bevölkerungspolitik habe. Bundesrat Stampfli gibt schliesslich nach.

Die Eugenik – eine Irrlehre der Vergangenheit?

Das eugenische Denken, der Wunsch, die Qualität der Bevölkerung mittels gezielter Fortpflanzung zu heben, ist in der Zwischenkriegszeit in verschiedenen europäischen Ländern unabhängig von parteipolitischen Standpunkten von der Sozialdemokratie bis zur Rechten mit Ausnahme der Katholiken populär gewesen. Die eugenische Praxis ist jedoch punktuell geblieben, Massnahmen sind nicht systematisiert und in eine Sozial- und Gesundheitspolitik umgesetzt worden.

Nach 1945 nimmt alles seinen gewohnten Lauf, auch in der Schweiz. Verantwortliche halten ihre Plätze, Institutionen bestehen weiter. Die Kontinuität von der Sorge um die qualitativ gesunde Volkszukunft bis zu Hitlers nordischer Rasse war kein Thema.

Früher vertrat die Ärzteschaft die Meinung, der Anteil der Kranken falle wegen des medizinischen Fortschritts und des Geburtenrückgangs mehr ins Gewicht. Heute wird ebenso argumentiert; hinzu kommen noch die Giftunfälle und Umweltkatastrophen.

Früher rechneten sie, wieviel Kosten die Kranken verursachen. Heute wird immer noch gerechnet.

Früher hätte eine Kartothek den notwendigen Überblick bringen sollen, heute macht die Computertechnik auch die beliebige Neukombination der gesammelten Daten möglich.

Früher wurde von betroffenen Frauen und Männern gesprochen, in der Praxis jedoch wurden die Frauen sterilisiert. Heute sprechen die Humangenetiker von betroffenen Paaren und testen die Frauen.

Freiwillig war die Erbberatung früher, und sie ist es heute – mit dem wesentlichen Unterschied: allein die sogenannt objektive Mitteilung, als Individuum erblich belastet oder gefährdet zu sein, ermöglicht, die Erbberatung ohne Zwang zu systematisieren.

CLAUDIA BISLIN

«Gesundheit ist machbar»: Versicherungen, Gesetze und Gerichtsurteile

Der Präsident der Amerikanischen Gesellschaft für den Fortschritt, Bentley Glass, prophezeite 1971, in Zukunft werde kein Elternpaar «das Recht haben, die Gesellschaft mit einem missgebildeten oder geistig unzulänglichen Kind zu belasten». Unterdessen ist diese Zukunft näher gerückt, die diagnostischen Methoden sind raffinierter geworden und die angekündigte Form von Selektion wird bei Ungeborenen praktiziert; die sich entwickelnde Gendiagnostik macht es möglich, Glass' Vision zu verwirklichen.

Von der – finanziellen – «Belastung» der Gesellschaft ist seit längerem die Rede: die Alten «belasten» die Altersversicherung, die Asylsuchenden unseren Wohlstand, die Kranken die Krankenkassen und die Behinderten die Invalidenversicherung. In solchem Klima kreisen die Überlegungen, wie diese Lasten abzubauen seien, um die einfachsten, billigsten Lösungen: Selektion und Verhinderung. Asylsuchende werden aus- und kranke Ungeborene abgeschafft.

Meine Nachforschungen begannen bei den Krankenkassen, dehnten sich aber bald auf den Gesundheitssektor als Ganzes aus. Es geht um eine umfassende Gesundheitspolitik, derzufolge mehr und mehr die Kranken die Verantwortung für ihren Zustand tragen sollen. Der mit der Gentechnologie wieder auflebende, auf das Individuum ausgerichtete Biologismus stützt und verstärkt somit eine Tendenz, die sich auch in anderen Bereichen unserer Gesellschaft abzeichnet: Die Einzelnen haben – ohne dass die sozialen und politischen Bedingungen berücksichtigt werden – ihr persönliches und gesellschaftliches Dasein zu rechtfertigen.

Die überbordenden Kranken

Schon heute beeinflussen gegenwärtige oder zurückliegende Krankheiten die Versicherungsbedingungen. Bald können auch zukünftige Krankheiten eine Rolle spielen: Mit der Gendiagnostik soll frühzeitig entdeckt werden, ob eine Person eine Krankheit weitervererben wird oder selbst für bestimmte Krankheiten wie etwa Alkoholismus oder Herzinfarkt sogenannt anfällig ist. *Zukünftige oder als Folge der eigenen Lebensumstände eventuell ausbrechende Leiden* werden die Versicherungsleistungen beeinträchtigen. Den privaten Krankenkassen, die heute berechtigt sind, bei bestehenden oder zurückliegenden Krankheiten einen lebenslänglichen Vorbehalt auszusprechen – eine bestimmte Krankheit also vom Versicherungsschutz auszuschliessen –, ermöglicht die Gen-Diagnostik, den Versicherungsschutz auch bei bestimmten zukünftigen Leiden zu verweigern. Die bundesrechtlich anerkannten, subventionierten Krankenkassen hingegen, bei denen ein allfälliger Vorbehalt nach fünf Jahren erlischt, werden ihr Gewicht auf *Verhaltensanweisungen* legen. Schon heute ist in den Statuten der meisten Kassen festgehalten, dass das Mitglied den Anweisungen des Arztes und der Kasse nachkommen muss. Entsteht dem Mitglied aufgrund seiner Unfolgsamkeit ein Schaden, so ist die Kasse berechtigt, die Versicherungsleistungen zu kürzen. Bis anhin wurde diese Regelung eher selten angewendet, so etwa bei einem aus ärztlicher Sicht zu frühen Spitalaustritt. Doch das kann sich ändern. In den Gesprächen wird diese Tendenz von den Vertretern verschiedener Versicherungen entschieden in Abrede gestellt. Die gentechnische Untersuchung von Neumitgliedern werde in der Schweiz nicht erwogen.

Die Gen-Diagnostik steckt technisch noch zu sehr in den Anfängen, um schon heute wirtschaftlich interessant zu sein. Bei AIDS jedoch zeigt sich, dass erstmals in Betracht gezogen wird, für eine noch nicht bestehende, aber mit hoher Wahrscheinlichkeit ausbrechende Krankheit den Versicherungsschutz zu verweigern. Den Anfang machten die Lebensversicherungen: Für eine Versicherungssumme über 150000 Franken verlangen sie unter anderem einen AIDS-Test. Auch die privaten Krankenversicherungen fragen in ihrem Antragsformular, ob ein AIDS-Test gemacht worden sei. Den bundesrechtlich anerkannten Krankenkassen verbot der Bundesrat im März 1987, den Test generell zur Aufnahmebedingung zu erklären. Im «Verdachtsfall» jedoch darf er von einem Neumitglied verlangt werden, also wenn eine Person drogenabhängig oder Bluter zu sein scheint. Auch Müdigkeit und Appetitlosigkeit sind bereits verdächtig. Die Krankenkassen berechnen zur Zeit, welche Kosten ihnen durch AIDS-Kranke entstehen werden.

«Volle Bedarfsdeckung in dem Sinn, dass alles, was sich medizinisch rechtfertigen lässt, von der Gesellschaft (den Sozialversicherungen, C.B.) zu tragen sei, ist eine realitätsfremde Vorstellung, auch wenn sie die Erwartungshaltung weiter Bevölkerungskreise prägt», schreibt der im Gesundheitswesen engagierte Ökonom Jürg Sommer. Die angeblich überbordenden Ansprüche der Kranken werden von Gesundheitsökonomen als eine der Ursachen der Kostenexplosion im Gesundheitswesen immer wieder genannt. Andere Ursachen – je nach Standpunkt betont oder heruntergespielt – sind: das Einkommen der Ärztinnen und Ärzte, die «Ärzteschwemme», die technische Ausrüstung der Spitäler (pro Jahr werden in der Schweiz 500 Millionen Franken für die Aufstockung des Maschinenparks ausgegeben), das unflexible Verhalten der Krankenkassen (sie zahlen den teuren Spitalaufenthalt, nicht aber die um einiges billigere Hauspflege), die hohe Lebenserwartung der Bevölkerung und generell das mangelnde Wirtschaftlichkeits- und Wettbewerbsdenken im Gesundheitswesen.

Die Klagen der Krankenkassen richten sich auch gegen den Bund, der seine Subventionen in den letzten Jahren laufend abbaute. Zusätzlich reduzierten die Kantone ihren Kostenanteil bei den Spitälern. Das entstehende Manko fordern die Krankenkassen über steigende Prämien bei den Versicherten ein.

Die neue Losung: Gesundheitskassen

Gegenwärtig wird die Reorganisation des schweizerischen Gesundheitswesens nach marktwirtschaftlichen Kriterien diskutiert. Vorbild sind in den USA entwickelte Finanzierungsmodelle, die auf Schweizer Verhältnisse umgearbeitet werden und einen gemeinsamen Anreiz haben: tiefe Prämien. Wer wollte schon gegen tiefe Prämien sein?

Den praktischen Anfang machte der Bundesrat, als er bei den bundesrechtlich anerkannten Krankenkassen die Jahresfranchise von bisher maximal 100 auf 1500 Franken erhöhte. Die abgestufte Jahresfranchise bedeutet, dass die Versicherten die ambulanten Arztkosten bis zu dem Betrag, den sie gewählt haben, selbst bezahlen und dafür in den Genuss einer billigeren Prämie kommen. Ab 1989 sind die Krankenkassen verpflichtet, das neue System anzubieten, zusätzlich zum bisherigen, bei dem die Prämien weiterhin steigen werden. Junge, gesunde und eingermassen gut verdienende Menschen können sich also über einen erhöhten Selbstbehalt eine günstigere Prämie einhandeln, während es die Frauen, die Kranken, Alten und Minderbemittelten sind, die mit hohen Prämien belastet werden. Dieses System steht in krassem Widerspruch zum Solidaritätsprinzip, das den Sozialversicherungen zugrunde liegt.

Für Alex Schwank, Arzt in Basel und Mitarbeiter bei der Zeitschrift Soziale Medizin, sind viele der neuen Krankenversicherungsmodelle *dieser Art* «Entsolidarisierungsprogramme». Er ist der Meinung, beinahe alle neuen Finanzierungsmodelle gingen von der falschen Voraussetzung aus, dass Gesundheit für die Einzelnen machbar, mithin nur eine Frage des Willens sei. «Angesichts der Tatsache aber, dass Krankheiten auch schichtspezifisch verteilt sind, dass Leute mit geringerem Einkommen häufiger und schwerer krank sind als solche mit höherem Einkommen, ist *diese* Auffassung von Selbstverantwortung nicht vertretbar.»

Ein anderes, der Öffentlichkeit bereits vorgestelltes Finanzierungsmodell ist die HMO, die Health Maintenance Organization, übersetzt mit: *Gesundheitskasse.* In der Schweiz wird für das Modell unter dem Namen «HMO Marke Armbrust» geworben. Im 1986 vom Präventivmediziner Felix Gutzwiller und von Jürg Sommer vorgelegten Schlussbericht eines nationalen Forschungsprogrammes (NFP 8) – der Bund liess für 6,6 Millionen Franken die «Wirtschaftlichkeit und Wirksamkeit im schweizerischen Gesundheitswesen» erforschen – wird den Krankenkassen der Versuch mit dem Modell HMO aus den USA empfohlen.

Eine HMO unterscheidet sich von den herkömmlichen Krankenkassen dadurch, dass sie in eigener Regie Arztpraxen führt. Heute erhalten die Ärztinnen und Ärzte von der Krankenkasse tariflich ausgehandelte Summen für jede einzelne Untersuchungshandlung. Sie verdienen umso mehr, je öfter sie den Blutdruck messen, Röntgenbilder oder Blutproben machen. Bei der HMO hingegen verdienen die Ärztinnen und Ärzte umso mehr, je *weniger* Untersuchungshandlungen sie vornehmen. Ihnen wird ein pauschales Jahresbudget für die ihnen zugeteilte Anzahl Versicherter vorgegeben, und der Gewinn ergibt sich aus dem nicht aufgebrauchten Budget. Die Rechnung ist einfach: Je weniger Behandlungspositionen pro Person, desto höher ist der Lohn. «Risikobeteiligung» wird das genannt – das Risiko sind die Kranken.

Die Ärztinnen und Ärzte einer HMO sind vertraglich gebunden. Laut Stephan Hill, bis vor kurzem wisssenschaftlicher Mitarbeiter des Konkordats Schweizerischer Krankenkassen, steht ein Lohn zwischen 120000 und 150000 Franken zur Diskussion.

Die HMO-Ärztinnen und -Ärzte werden in Gruppenpraxen arbeiten. Eine solche Gruppenpraxis hat allerdings wenig gemein mit jenen Kollektivstrukturen gleichen Namens, die in den siebziger Jahren als Alternative zur herkömmlichen medizinischen Versorgung entstanden. Ihr Anspruch war es, das Machtverhältnis zwischen dem Arzt und dem Kranken aufzubrechen und die Krankheit nicht als Defekt oder persönliches Versagen zu behandeln, sondern ihre Entstehung im Zusammenhang mit der Umwelt zu sehen. Darunter wurden damals die Arbeitssituation, der Konsumzwang oder auch das isolierte Kleinfamilienleben verstanden. Die kollektive Arbeitsweise war Ausdruck des politischen Selbstverständnisses, und eine günstige Infrastruktur wie etwa die gemeinsame Laboreinrichtung die Folge davon. Bei der HMO-Gruppenpraxis bildet dieses funktionale, wirtschaftliche Element jedoch den Kern – zu Recht reden die HMO-Ökonomen vom «Profitcenter».

Nicht nur Gesundheitsökonomen, auch «Gesundheitsmathematiker» kümmern sich um die Reorganisation der Krankenkassen. Heinz Schmid, Versicherungsmathematiker und Direktor der Krankenkasse für den Kanton Bern (KKB) orientiert sich ebenfalls an einem US-Modell, an der PPO (Preferred Providers Organization), was soviel bedeutet wie Organisation bevorzugter Anbieter. Anbieter sind die Ärztinnen und Ärzte, und bevorzugt werden die vergleichsweise günstig arbeitenden; in der Schweiz betrifft diese Auslese etwa zwei Drittel der Ärzteschaft. Bei diesem System soll der Konkurrenzdruck die Behandlungskosten senken. Die Kranken wählen unter den von der Kasse genannten eine Ärztin oder einen Arzt und haben dann zehn bis fünfzehn Prozent weniger Prämien zu bezahlen. Für den Kanton Bern ist eine solche «Positivliste» provisorisch bereits erstellt worden.

Von Statistik und Computer, von Wettbewerb und Marktwirtschaft

Um überhaupt Listen der preiswert arbeitenden Ärztinnen und Ärzte erstellen zu können, wird umfangreiches Datenmaterial und technische Auswertungskapazität benötigt. Die KKB verfügt von allen Kassen über die besten Voraussetzungen: Sie arbeitet seit einigen Jahren mit einem ausgefeilten Computerprogramm und spürt so die teuren Ärztinnen und Ärzte auf; «teure» Patientinnen oder Patienten lassen sich über die Anzahl der von ihnen bezogenen Krankenscheine sowie der darauf vermerkten Positionen identifizieren.

Heute kennen die Krankenkassen von ihren Versicherten

nur die angewandte Behandlung, nicht aber die Diagnose; auf Verlangen muss allerdings dem Vertrauensarzt der Kasse Einblick in die gesamte Krankengeschichte gewährt werden. Das Modell der diagnosebezogenen Behandlungspakete wird – in bezug auf die Spitalbehandlung – diesen beschränkten Personenschutz weiter durchlöchern. Nach einem US-Vorbild sollen dabei für bestimmte Erkrankungen bestimmte Behandlungen festgelegt werden, die aufgrund von Durchschnittswerten bemessen und berechnet werden. Die Diagnose Blinddarm setzt dann einen normierten Behandlungsablauf zu einem festen Preis in Gang. Mit der Koppelung von Diagnose und Behandlung verfügen die Krankenkassen über neue Möglichkeiten: Werden diese medizinischen mit persönlichen Daten kombiniert, wie sie den Krankenkassen etwa durch Anmeldeformulare zugänglich sind, können statistische «Risikogruppen» oder individuelle «Risikofaktoren» ermittelt werden.

Im Bericht zum NFP 8 wird festgehalten, die Auswertung von gesundheits- und sozialstatistischen Daten sei unumgänglich, um «effektive Sparkonzepte» entwickeln zu können. Die Forschergruppe selbst benutzte die Daten der KKB, um zu berechnen, wie teuer die ärztliche Behandlung von Frauen, von chronisch Kranken und von Alten zu stehen komme.

Zu wissen, wer unter welchen Bedingungen auf welche Art krank wird, sei auch notwendig, um eine gezieltere Präventionsstrategie zu entwickeln. Felix Gutzwiller spricht in diesem Zusammenhang von «Gesundheitsregistern» und von der «institutionalisierten Gesundheitsberichterstattung», die vom Bundesamt für Statistik über regelmässige Haushaltsbefragungen zu erstellen wäre. Die Volksgesundheitszählung steht bevor.

Wie sich Gesundheit im marktwirtschaftlichen Licht präsentiert, illustriert der NFP-8-Bericht: «Die Veränderung des Gesundheitskapitals hängt von der Inanspruchnahme medizinischer Leistungen und von der Abschreibungsrate des Gesundheitskapitals ab. (...) Die Abschreibungsrate wird in Analogie zur Investitionstheorie der Unternehmung explizit als Funktion des Alters des Kapitalstockes und der Intensität seiner Nutzung definiert.» Die Autoren versagten es sich, auch noch den Verschrottungszeitpunkt zu definieren. Hingegen fordern sie, dass in das System der medizinischen Versorgung, «das sich nach allgemeinem Verständnis» gerade dadurch auszeichne, dass niemandem Leistungen «aus wirtschaftlichen Gründen vorenthalten werden» dürften, «Kosten-Nutzen-Rechnungen» eingeführt werden. Der Ruf nach mehr Wettbewerb wird laut, und zwar im vollen Bewusstsein, dass dies mit einem «gewissen Abbau an Sozialausgleich» verbunden ist.

Bei der Reorganisation der Krankenkassen gehe es nicht primär darum, die Gesundheitsausgaben zu senken, schreibt Jürg Sommer in seinem neuesten Werk «Das Malaise im Gesundheitswesen». Vielmehr soll die medizinische Versorgung effizienter gestaltet werden, was möglich ist, wenn «die Konsumenten» die Kostenfolgen ihrer Wahl selbst zu tragen haben. Wer leistungsintensiver behandelt werden will, soll es auch bezahlen – die Kosten werden individualisiert.

Eine logische Konsequenz ist Sommers Vorschlag, Prämiengruppen nach Wohnort, Alter und Geschlecht zu bilden. Die finanziellen Lasten werden dabei nicht mehr gesamtgesellschaftlich zwischen Jungen und Alten, zwischen Männern und Frauen, zwischen Gesunden und Kranken ausgeglichen, sondern der Ausgleich soll innerhalb der «Risikogruppen» spielen. Die Alten und die Frauen hätten dabei hohe Prämien zu zahlen. Die Frauen – weil ihre Krankenpflegekosten wegen ihrer sieben Jahre längeren Lebenserwartung um die Hälfte höher liegen als jene der Männer. Sommer fragt: «Wenn schon Prämiengleichheit gefordert wird, wären die Frauen dann umgekehrt auch bereit, die Männer dafür finanziell zu entschädigen, dass sie im Durchschnitt wesentlich früher sterben müssen?»

Zum Umbruch im Gesundheitswesen gehört auch eine neue Ideologie, eine neue Sprache. Krankheit wird zu einem moralisch negativ besetzten Begriff, der zunehmend vermieden wird: Krankenkassen mutieren zu Gesundheitskassen. Die «HMO Marke Armbrust» wird Gesundheitsschwestern einstellen. Von lokalen Gesundheitszentren für die Krebsvorsorge ist die Rede. Sozial- und Präventivmediziner möchten die Bevölkerung zu «mehr Gesundheit motivieren». «Gesundheit und Kraft» hätte in Nidwalden Thema der bachab geschickten CH 91 sein sollen.

Dass Krankheit in unserer Gesellschaft als Abweichen von der Norm gewertet wird, ist bekannt. Neu ist das heute wachsende Interesse an Ursachen der Krankheit, die am individuellen Verhalten festgemacht werden können. Damit wird vermittelt, Gesundheit sei individuell machbar; das neue Schlagwort heisst: Selbstverantwortung für die eigene Gesundheit.

Selbstverantwortung – unter diesem Begriff kämpft die Linke seit den siebziger Jahren um ein neues Verständnis im Umgang mit dem eigenen Körper, um Selbstbestimmung gegenüber der Schulmedizin. Krankheit wird dabei auch als körperliche Reaktion auf gesellschaftliche Zwänge verstanden, die nicht mit Medikamenten zu verdecken, sondern deren Ursachen zu bestimmen und in kollektivem Handeln anzugehen sind. Die so verstandene Selbstverantwortung bedeutet auch das Akzeptieren von Krankheit und Kranken als gesellschaftliche Realität und ist eine Aufforderung, politische Veränderungen zu erreichen: sowohl im Umgang mit Kranken als auch hinsichtlich der gesellschaftlichen Bedingungen, die krank manchen.

Selbstverantwortung – staatlich verordnet: Gesetze und Gerichtsurteile

Heute appellieren Krankenkassen, Parteien und nicht zuletzt der Bund an die Selbstverantwortung der Einzelnen für ihre Gesundheit. Der Bundesrat kommentierte ein anfangs der achtziger Jahre hängiges Präventivgesetz so: «Ziel eines Bundesgesetzes über Krankheitsvorbeugung ist es, vom Einzelnen vermeidbare Gesundheitsschäden zu verhüten.» Im Blickfeld hatte er dabei jene «Risikofaktoren», deren wirtschaftliche Folgen für die Einzelnen, die Familie und die Gesellschaft «besonders schwerwiegend sind». Da die Kantone an ihrer Zuständigkeit im Gesundheitswesen festhalten wollten, hatte das Gesetz bereits in der Vernehmlassung keine Chance.

Ersatzweise formulierte die Schweizerische Gesellschaft für Sozial- und Präventivmedizin (SGSP) unter dem Vorsitz von Felix Gutzwiller das gesundheitspolitische Leitbild 86, in dem beispielsweise für Zivilisationskrankheiten die «ungünstige individuelle Lebens- und Verhaltensweise» verantwortlich gemacht wird. Ein Widerspruch in sich, da nicht Einzelne den Lauf der Zivilisation bestimmen.

In medizinischen Schriften werden persönliches Verhalten und Lebensstil für knapp die Hälfte aller Erkrankungen verantwortlich gemacht, wogegen umweltbedingte Krankheiten kaum erwähnt werden, teils mit der Begründung, Umwelteinflüsse als Ursache liessen sich wissenschaftlich nicht stichhaltig beweisen.

Im Rahmen der Prävention erhält die Gesundheitserziehung immer mehr Gewicht – nicht zuletzt aus ökonomischen Gründen. Jürg Sommer formulierte es in seinen 400-Seiten starken gesundheitspolitischen Empfehlungen an den Kanton Solothurn so: «Jedermann, der seine Gesundheit schädigt, schädigt nicht nur sich selbst, sondern auch die Allgemeinheit, denn: Behandlungs- und Folgekosten von Krankheit und Invalidität werden letztlich auf alle abgewälzt.» Die Definition von Krankheit als vorsätzliche Schädigung erinnert im Ton an einen Paragraphen aus dem Strafgesetzbuch.

Gesundheitspolitische Leitbilder, wie sie Sommer oder die Schweizerische Gesellschaft für Sozial- und Präventivmedizin entwickelten, haben bereits in den Gesundheitsgesetzen verschiedener Kantone ihren Niederschlag gefunden. Im Gesundheitsgesetz des Kantons Thurgau, das seit dem 1. Juli 1987 in Kraft ist, heisst es im Paragraphen 2: «Die öffentliche Gesundheitspflege enthebt den Einzelnen nicht der Verantwortung für seine Gesundheit.» Im Kanton Basel-Land ist am 1. Januar 1987, knapp zwei Monate nach Schweizerhalle, eine revidierte Verfassung in Kraft getreten, die festhält: «Jeder ist für seine Gesundheit in erster Linie selbst verantwortlich.»

Die Rechtssprechung bahnt der Gesetzgebung den Weg. Das aufsehenerregende Urteil des Eidgenössischen Versicherungsgerichts (EVG) vom 19. August 1985 war nicht das erste, und auch nicht das letzte seiner Art: Einem Mann, der an Kehlkopfkrebs erkrankt ist, wurde die Invaliden-Rente um zehn Prozent gekürzt, weil er seine Krankheit selbst verschuldet oder zumindest verschlimmert habe. Entgegen ärztlichem Rat habe er weder das Rauchen aufgegeben, noch den Alkoholkonsum genügend eingeschränkt. Das EVG hält fest, es sei nicht notwendig zu beweisen, dass zwischen dem Tabak- und Alkoholkonsum und der Krankheit ein direkter Zusammenhang bestehe: «Weil eine strikte naturwissenschaftliche Beweisführung, dass ohne den Missbrauch kein Schaden eingetreten wäre, derzeit praktisch unmöglich ist, muss hier – wie in anderen Bereichen der Sozialversicherung – der Beweisgrad der überwiegenden Wahrscheinlichkeit genügen.»

Das Selbstverschulden – als Folge der Selbstverantwortung – wird folgendermassen umschrieben: «Bei Alkoholmissbrauch ist grobe Fahrlässigkeit zu bejahen, wenn der Versicherte bei der ihm angesichts seines Bildungsgrades zumutbaren pflichtgemässen Sorgfalt rechtzeitig hätte erkennen können, dass jahrelanger Missbrauch alkoholischer Getränke die Gefahr einer schweren Gesundheitsschädigung in sich birgt, und wenn er imstande gewesen wäre, entsprechend dieser Einsicht sich des übermässigen Alkoholkonsums zu enthalten.» Diese Definition von Selbstverschulden stammt aus einem Bundesgerichtsurteil von 1978 und wurde schon damals auf das Rauchen übertragen.

Gegen das Urteil des EVG von 1985 wurde von verschiedener Seite protestiert. Sogar die konservative Verbindung der Schweizer Ärzte (FMH) bezeichnete es als «inhuman und unsozial».

Ebenfalls am 19. August 1985 bestätigte das EVG die Rentenkürzung der Invaliden-Versicherung in einem andern Fall. Auch hier hat bei der Krankheit der Tabakkonsum mitgespielt. Was das Gericht beschäftigte, war das Wohlverhalten des Betroffenen: Ihm wurde vorgeworfen, sich nicht den ärztlichen Weisungen unterzogen zu haben. Zwar hatte er das Rauchen doch noch nahezu aufgegeben, aber, wie das Gericht befand, zu spät.

Obwohl das Gericht zugibt, dass ein früheres Einschränken oder Aufhören den Krankheitsverlauf nicht zwingend gemildert hätte, hält es fest, Wohlverhalten könne verlangt werden, auch wenn es die bestehende Invalidität nicht mehr positiv zu beeinflussen vermöge.

Ein Vergleich der beiden gleichentags gefällten Urteile zeigt, dass sich immer ein sogenanntes Fehlverhalten findet, wenn dem Kranken die Schuld für seine Krankheit zugeschoben werden soll. Im ersten Fall heisst es knapp: «In der Medizin wird (...) die Überwindbarkeit des Tabakmissbrauchs bejaht.» Im zweiten Fall hingegen orientiert sich das Gericht nicht an der Wissenschaft, sondern an der Erfahrung: «Die erfahrungsgemäss an sich schon unwahrscheinliche Einschränkung des Tabakkonsums nach jahrzehntelangem massivem Tabakmissbrauch (ist) vorliegend ungenügend nachgewiesen.»

Die pervertierte Prävention

Das allgemeine Wissen um eine mögliche Schädigung vermag das Verhalten nicht wirklich zu verändern. Deshalb soll, parallel zu den Konzepten, die sich an anonyme Zielgruppen richten, eine Präventionsstrategie entwickelt werden, die gezielt beim Einzelnen ansetzt. Die postulierte Selbstverantwortung für die eigene Gesundheit ist dabei der erste Schritt – und die ideale Voraussetzung, um die Gendiagnostik zu popularisieren. Eine rigidere Krankenkassen-Praxis, Gesetze und Gerichtsurteile werden dabei für den notwendigen Nachdruck sorgen.

Der Weg von anonymen «Risikogruppen» zu identifizierbaren «Risikoindividuen» lässt sich gegenwärtig bei AIDS verfolgen. Konzentrierte sich die Kampagne lange auf «Risikogruppen» wie Drogenkranke und Homosexuelle, also gesellschaftliche Randgruppen, wird nun die gesamte «sexuell aktive» Bevölkerung anvisiert. Alle sind gefährdet, auf das individuelle Verhalten, auf die Selbstdisziplin kommt es an. Wer aber bereits infiziert und erfasst ist, muss mit Sanktionen rechnen. Im März 1987 verweigerte das Luzerner Obergericht einem aidsinfizierten Mann, sich ausserhalb des Gefängnisses einer Drogenentzugs-Therapie, beispielsweise in einer therapeutischen Wohngemeinschaft, zu unterziehen. Es verurteilte ihn statt dessen zu einem Jahr Zuchthaus unbedingt. Der Mann stelle eine «beträchtliche Ansteckungsgefahr» dar, hiess es kurz und bündig. Das «Risikoindividuum» wird hinter Mauern versenkt – auch das eine Art von Prävention.

Obwohl die Krankenkassen und die Invalidenversicherung schon heute hohe Anforderungen an das Verhalten ihrer Versicherten stellen, sind sie kaum je bereit, Präventionsmassnahmen zu bezahlen. Das geltende Gesetz hält auch ausdrücklich fest, dass die Krankenkassen dazu nicht verpflichtet sind. Vergeblich verlangen Frauen seit Jahren, dass der Krebsabstrich kassenpflichtig werde; mehrere Krankenkassen leisten allerdings freiwillige Beiträge. Die Invalidenversicherung ihrerseits bezahlt Präventionsmassnahmen nur, wenn dadurch die Erwerbsfähigkeit erhalten wird.

Bei der pränatalen Diagnose, die als Prävention gilt, zeichnet sich nun eine Veränderung ab. Ende 1986 verpflichtete das Eidgenössische Versicherungsgericht die Kassen, die Kosten für die Amniozentese (Fruchtwasserpunktion) bei schwangeren Frauen über fünfunddreissig zu übernehmen. Dies lasse sich auch aus ökonomischen Gründen rechtfertigen. Das EVG beruft sich hier auf einen Artikel im Kranken- und Unfallversicherungsgesetz, demzufolge die Kassen die Kosten für Diagnosen und Therapien übernehmen müssen, sofern sie wissenschaftlich anerkannt und überdies sowohl zweckmässig als auch wirtschaftlich sind.

Die pränatale Diagnostik beugt allerdings nicht Krankheiten vor, sondern verhindert, dass Kranke geboren werden, und für krank geborene Kinder ist die Invalidenversicherung zuständig. Dies bewog die SP-Nationalrätin Françoise

Pitteloud, im Oktober 1986 mit einem Postulat zu fordern, dass die IV die Kosten für die pränatale Diagnostik übernehmen soll – das komme sie billiger zu stehen, als behinderte Kinder zu unterhalten.

Der Wahn, Gesundheit sei machbar, wird ökonomisch gerechtfertigt: *Die Gesellschaft darf nicht mit kranken Menschen belastet werden. Die Einzelnen sind angehalten, Krankheit und Kranke zu verhindern.* Prävention ist nicht mehr ein Bündel gutgemeinter Ratschläge, sondern Pflicht. Prävention in diesem Sinn bedeutet auch nicht, den Ursachen von Krankheit auf den Grund zú gehen. Humangenetiker wie Präventivmediziner wissen zwar vom Zusammenwirken von biologischer Beschaffenheit und Umwelt, doch interessiert sie dies nur insofern, als dem Menschen nahegelegt wird, sich anzupassen, und das kann er umso besser, je genauer er über seine biologische Veranlagung Bescheid weiss. Ist die Gendiagnostik erst genügend erforscht und wirtschaftlich interessant, könnten wir unter Androhung von Prämienerhöhung, Eintrittsvorbehalt und Leistungskürzung gezwungen sein, unseren Körper ausforschen und unsere Lebensweise bestimmen zu lassen.

Der sich ankündigende Umbruch im Gesundheitswesen fällt in eine Zeit, wo die Beunruhigung über Umweltzerstörung und Giftkatastrophen in breiten Bevölkerungskreisen langsam in Wut umschlägt – eine Chance, der staatlich verordneten Vereinzelung die wirkliche Selbstverantwortung gegenüberzustellen, nämlich jene, die sich aus dem gesellschaftlichen Kontext nicht herauslösen lässt, und mit der die Selbstbestimmung angestrebt wird. Sie beinhaltet, für eine Veränderung der heutigen Verhältnisse zu kämpfen.

RUTH WYSSEIER

Arbeit macht krank: Genetische Untersuchungen in der Arbeitswelt

Krankmachende, gefährliche Berufe? Da denke ich zuerst an Männer mit schwarzen, mageren Gesichtern, an Kohlebergwerke, Giessereien, Schwerindustrie. Ich weiss, dass die Arbeit in den Walliser Aluminiumwerken, der Umgang mit Asbestprodukten, mit Schwermetallen wie Blei, Quecksilber oder Cadmium zu schweren Gesundheitsschäden, Vergiftungen oder Krebserkrankungen führen kann. Einen hellen, nach Parfüm duftenden Coiffeurladen habe ich nie mit Berufskrankheiten in Verbindung gebracht. Doch Coiffeure und Coiffeusen sind besonders gefährdet für Lungenkrebs und Atemwegerkrankungen, und mehr als zwanzig Prozent leiden schon nach fünf Berufsjahren an Hautkrankheiten. Die Gefahr kommt vom täglichen Umgang mit Shampoos, Sprays, Färbemitteln und Dauerwellenpräparaten, die aus zahlreichen Chemikalien zusammengemischt sind und Wirkstoffe enthalten, die auch für Insektenvernichtungsmittel gebraucht werden. Die Chemikalien schädigen das Nervensystem und die Leber und können zu Krebs führen. Giftigen und gesundheitsschädigenden Gasen sind auch alle Leute ausgesetzt, die häufig mit gewissen Baumaterialien arbeiten, mit Farben, Lakken, Tapeten, Beschichtungen, Verputzen, Belägen, Teppichböden, Klebstoffen, Reinigungs- oder Holzschutzmitteln.

Für schwangere Frauen, die in der Mikrochip-Produktion arbeiten, verdoppelt sich die Gefahr einer Fehlgeburt, und möglicherweise werden auch die Fortpflanzungszellen der Männer geschädigt: Die Chips werden unter Einwirkung von mehreren hundert Chemikalien hergestellt. Vermehrte Aborte und Missbildungen werden auch in Zusammenhang gebracht mit der Strahlenbelastung bei der Bildschirmarbeit. Die Weltgesundheitsorganisation veröffentlichte eine Schwarze Liste von Berufen, in denen die Gefahr, unfruchtbar zu werden, besonders hoch ist: Gefährdet sind Landarbeiterinnen und Landarbeiter, Narkoseärzte, Giesser, Angestellte, die in der chemischen Produktion und in Labors arbeiten. Mit erbgutverändernden Stoffen gehen nach Schätzungen des Deutschen Gewerkschaftsbundes allein in der BRD weit über 100 000 Beschäftigte um.

Diese unvollständige Aufzählung illustriert, in wie vielen auch scheinbar sauberen Berufen ein hohes Gesundheitsrisiko besteht. Zwar äussern sich heute – als Folge von Stress, Monotonie oder Unzufriedenheit – die häufigsten berufsbedingten Leiden in Form von psychosomatischen Krankheiten, aber schädigende Chemikalien, radioaktive Strahlung, krebs- oder allergieauslösende Werkstoffe sind die unsichtbaren Gefahren vieler moderner Arbeitsbereiche. Allergische Erkrankungen treten immer häufiger auf – nicht nur im Beruf, sondern, als Folge der vergifteten Umwelt, in der ganzen Bevölkerung, besonders auch bei Kindern. Und obschon die Zahl der schweren Berufserkrankungen langsam zurückgeht, werden heute mehr als die Hälfte aller männlichen Beschäftigten nicht mit 65 Jahren pensioniert, sondern scheiden als Frührentner wegen Arbeits- und Erwerbsunfähigkeit aus, wie bundesdeutsche Statistiken aufzeigen.

Die heutige Arbeitsmedizin sieht die Ursache von Berufskrankheiten nicht nur in den krankmachenden Arbeitsbedingungen, sondern sie tendiert dazu, den Betroffenen immer mehr Verantwortung zuzuweisen. «Wegen vorbestehender individueller Dispositionen wird es aber nie möglich sein, das Auftreten von Berufskrankheiten vollständig zu eliminieren», schreibt Rudolf Schütz, leitender Arbeitsmediziner der Schweizerischen Unfall-Versicherungsanstalt (Suva), in der Therapeutischen Rundschau (42/85). Genau an dem Punkt soll zukünftig die Gendiagnostik in der Arbeitsmedizin eingesetzt werden: um die «individuellen Dispositionen» als Krankheitsursache ermitteln und möglichst «eliminieren» zu können.

Ökogenetik

Es gibt zwei grundsätzlich verschiedene Konzepte, den Berufskrankheiten vorzubeugen. Eine Prävention, die diesen Namen verdient, greift direkt bei den krankmachenden Arbeitsbedingungen ein, etwa indem schädliche Stoffe verboten oder ersetzt werden, indem mit technischen Einrichtungen die Gefahrenquellen abgeschirmt und die Menschen zusätzlich durch Anzüge, Masken oder Brillen geschützt werden, und indem Messgeräte die Schadstoffe in der Raumluft prüfen. Heute heisst dies Primärprävention, weil in den letzten Jahren immer mehr sogenannte sekundärpräventive Methoden ausgebaut wurden. Die Sekundärprävention überprüft nicht den Arbeitsplatz, sondern untersucht die einzelnen Menschen. Es werden jene Leute medizinisch überwacht, die mit ungenügend abgeschirmten, schädlichen Stoffen arbeiten und dabei bekannten oder vermuteten gesundheitlichen Gefahren ausgesetzt sind. Ein Aspekt interessiert die Fachleute ganz besonders: Bei gleicher Belastung mit gesundheitsgefährdenden Stoffen und Drogen reagiert der eine empfindlicher als die andere und wird schneller krank. Solche individuellen Unterschiede werden im Rahmen der Sekundärprävention mit ökogenetischen Methoden untersucht.

Im anfangs der siebziger Jahre erfundenen Begriff Ökogenetik schwingt heute ein positiver Anklang von «ökologisch» und «umweltgerecht» mit. Er steht jedoch vorab für Bemühungen, Menschen an eine vergiftete Umwelt anzupassen. Die Ökogenetik will verschiedene angeborene, also genetisch bedingte Faktoren identifizieren, welche die Empfindlichkeit des einzelnen Menschen gegenüber den Schadstoffen seiner Umwelt, in der Praxis vor allem der Arbeitswelt, messbar macht – und damit auch die Wahrscheinlichkeit einer späteren Erkrankung.

Zwei Untersuchungen werden schon heute häufig durchgeführt. Mit Analysen von Stoffen wie Enzymen und Stoffwechselprodukten untersucht man, meist in Urinproben, seltener auch im Blut, vor allem die Wirkung von Schwermetallen. Dies ist die Genprodukt-Ebene. Bei der Untersuchung des Erbmaterials selbst werden Chromosomenanomalien, die durch Schadstoffbelastung am Arbeitsplatz oder durch radioaktive Strahlung sowohl in den Körper – wie in den Keimzellen ausgelöst werden können, ermittelt. Das grösste Forschungsinteresse richtet sich allerdings auf die DNS-Analyse*, mit der das Erbgut direkt untersucht werden kann. Diese Verfahren werden zunehmend in der medizinischen Praxis eingesetzt; Geräte, mit denen die Analysen maschinell und damit billig, schnell und in grosser Zahl durchgeführt werden können, sind noch im Entwicklungsstadium.

Mit ökogenetischen Tests sollen also etwa jene Enzyme aufgespürt werden, welche für die «Entgiftung» von Umweltchemikalien im Körper zuständig sind. Zwar ist heute erst bei wenigen Schadstoffen und dort auch nur teilweise geklärt, wie sie im Organismus wirken. Doch die rasch fortschreitende Entschlüsselung der menschlichen Genstruktur schafft immer bessere Voraussetzungen dafür, dass Unternehmer Genanalysen in Reihenuntersuchungen (Screenings) durchführen können, um die besonders resistenten Arbeitskräfte herauszusieben.

Über diese Möglichkeiten der Ökogenetik wusste nur ein enger Fachkreis Bescheid, bis 1980 die New York Times eine Artikelserie über die neue Dimension der Arbeitsmedizin veröffentlichte. Darin machte sie publik, dass einige US-Konzerne mit Hilfe der Wissenschaft die Vorbeugung von Berufskrankheiten sehr früh und sehr radikal betreiben: Indem bei den Einstellungsuntersuchungen die mutmasslich weniger resistenten Bewerberinnen und Bewerber zu «Risikopersonen» erklärt und von den betreffenden Berufen ausgeschlossen werden.

Für Arbeitsmediziner und Genetiker allerdings war dieses Konzept alles andere als neu. Schon 1938 wies der englische Genetiker Haldane auf die mögliche Rolle der genetischen Konstitution beim Auftreten von Bronchitis bei Töpfern hin. Er stellte zwar fest, dass die Standards der Arbeitshygiene «shamefully low» (beschämend tief) seien, fand aber, es gäbe immer zwei Seiten bei der Problematik des krankmachenden Arbeitsplatzes: Man könne nicht nur die Umgebung verbessern, sondern auch genetisch empfindliche Individuen ausschliessen. Anfang der sechziger Jahre erschienen verschiedene Fachartikel über die Bedeutung von Erbfaktoren beim Entstehen von umweltbedingten Krankheiten. Auf rassenspezifische Unterschiede bei Reaktionen auf Medikamente wurde hingewiesen und schliesslich vorgeschlagen, biochemische Körperreaktionen zu untersuchen, um die Anfälligkeit eines Industriearbeiters auf chemische Stoffe vorherzusagen. 1968 tauchte das erste Mal in einem Aufsatz das Schlagwort des «überempfindlichen Arbeiters» auf. Mitte der siebziger Jahre wurden die berufsbezogenen Untersuchungen auf genetisch bedingte Anfälligkeiten für anwendungsreif erklärt: Die amerikanische Wissenschaftsakademie veröffentlichte einen Report über genetische Stoffwechsel-Fehler als auslösende Faktoren für Krankheiten durch Arbeitsstoffe: 92 genetische Merkmale waren aufgezählt, von denen man annahm, dass sie die Betroffenen für die Wirkungen von giftigen Stoffen anfälliger machten. Damit war der Durchbruch geschafft: Die Arbeitsmediziner waren begeistert, einige Konzerne begannen mit Screening-Programmen zur vorbeugenden medizinischen Selektion der Bewerberinnen und Bewerber.

Es ist heute nicht möglich, herauszufinden, wie viele und welche Unternehmen im Rahmen der medizinischen Eintrittsuntersuchung bereits genetische Tests durchführen. In den USA zeigten sich Anfang der achtziger Jahre die meisten grossen Konzerne sehr interessiert, die Tests einzuführen; einige wenige hatten damals schon Erfahrung mit Testprogrammen. Vom Chemiekonzern Dow ist bekannt, dass er Arbeiterinnen und Arbeiter auf Krebsanfälligkeit testet. Dows europäischer Hauptsitz in Horgen am Zürichsee bestätigte auf Anfrage, dass sie die Leute, die in ihren Produktionsbetrieben in den USA arbeiten wollen, auf mehrere genetisch bedingte Anfälligkeiten untersuchen, verweigerten aber genauere Angaben mit dem Argument, ihre Erfahrungen mit den Tests seien noch zu wenig ausgereift.

Dass die ökogenetische Technik noch nicht ausgereift sei, schreibt im Oktober 1986 auch ein vielzitierter Experte und Befürworter der Ökogenetik, Edward Calabrese von der Universität Massachusetts, in der Fachzeitschrift Journal of Occupational Medicine: «Es gibt keine ausreichende wissenschaftliche Rechtfertigung, Reihenuntersuchungen durchzuführen, die den Zweck haben, jemandem die Beschäftigung zu verweigern oder ihn von seinem Arbeitsplatz zu versetzen, um mögliche berufsbezogene Krankheiten zu vermeiden.» In erster Linie kritisiert Calabrese, dass heute kaum berechnet werden kann, wie gross die Wahrscheinlichkeit einer zukünftigen Erkrankung ist, weil bei vielen Menschen die ungünstige Wirkung eines Gens durch ein anderes oder durch mehrere andere Gene neutralisiert wird. Damit die Auswahl in Zukunft wissenschaftlich genauer begründet werden kann, empfiehlt er vermehrte Forschungen, die berücksichtigen sollten, dass nicht nur die vererbten Anlagen, sondern auch andere Einflüsse wie Ernährungsweise, Alter, frühere Krankheiten und der Lebensstil der Menschen die körperliche Empfindlichkeit gegenüber Schadstoffen beeinflussen.

Der eindrückliche Eifer, mit dem eine Reihe von Grossfirmen diese heute noch unpräzisen Tests durchführen, um ihre Arbeitsplätze vor zu wenig resistenten Arbeitskräften zu schützen, gibt uns einen Vorgeschmack vom Kommenden und dokumentiert das grosse Interesse an Selektionsinstrumenten. Die Nichteinstellung von möglicherweise Gefährdeten ist die rationellste Art, das finanzielle Risiko des Unternehmens, der Betriebsversicherung und der Pensionskasse zu reduzieren und die betriebliche «Gesundheitsbilanz» zu verbessern, ohne die Arbeitsbedingungen verändern zu müssen.

Arbeitsmedizinische Auslese in der Schweiz

Die Schweizer Arbeitsmedizin orientiert sich in vielen Bereichen an den Forschungsergebnissen aus den USA und der BRD; aber während sich in diesen Ländern auch Gewerkschaften, Parlamente und die Öffentlichkeit mit der Anwendung der Ökogenetik zur arbeitsmedizinischen Auslese beschäftigen, finden sich in der Schweiz keine Spuren einer Diskussion.

Auf meine Fragen zur Anwendung von Genanalysen im Arbeitsbereich erhielt ich von den wenigen gewerkschaftlich orientierten Schweizer Arbeitsmedizinern Aussagen wie: «Für Gentechnologie interessieren sich die Gewerkschaftsfrauen, rufen Sie bei der Frauenkommission an»; «Davon habe ich noch nie gehört, aber die Frage klingt interessant», oder «Komische Frage, eigentlich überhaupt kein Thema, schreiben Sie doch über etwas anderes». Nachdem ich beharrlich weiter von «individuellen vererbten Anfälligkeiten» spreche, erzählt ein Westschweizer Arbeitsmediziner schliesslich, dass er zur Zeit an einem Forschungsprojekt über Thalassämie arbeite, einer angeborenen Blutkrankheit, die vor allem bei südländischen Fremdarbeitern auftritt und sie anfällig macht auf blutangreifende Chemikalien und Schwermetalle, speziell auf Blei. Wenn Thalassämie diagnostiziert werde, bekomme der Betreffende natürlich ein Arbeitsverbot für Blei, erklärt er. Doch obwohl Thalassämie «als genetischer Faktor, welcher die Anfälligkeit gegenüber Umwelstoffen beeinflusst», in jeder Liste ökogenetischer Tests aufgeführt wird, hat er noch nie von Genanalysen am Arbeitsplatz gehört.

Auch Marcel Jost, Arbeitsmediziner bei der Suva, meinte, er könne zum Thema kaum viel sagen, war aber bereit, über die Praxis der schweizerischen Arbeitsmedizin zu sprechen: Die Suva ist nach dem Bundesgesetz über die Unfallversicherung für die Verhütung von Berufskrankheiten zuständig. Zu ihrer Primärprävention gehört, dass sie in Anlehnung an die bundesdeutsche Praxis die MAK-Liste (Maximale Arbeitsplatz-Konzentration von gesundheitsgefährdenden Stoffen) erstellt, die dann durch Raumluftmessungen überwacht werden können. Unterhalb dieser Werte sollen nach heutigen Kenntnissen die gesunden Arbeiterinnen und Arbeiter eine «sehr sehr grosse Chance» haben, bei 45 Wochenstunden auch über längere Perioden keine Gesundheitsschädigung durch die Arbeitsstoffe zu erleiden.

Zwei Aspekte relativieren die Wirksamkeit des MAK-Konzeptes: Erstens können auch kleine Schadstoffmengen früher oder später zu chronischen Beschwerden führen; die maximal zulässigen Schadstoffkonzentrationen sind nicht unschädlich, sondern gerade noch tolerierbar. Bei ihrer Festlegung stehen dem Schutz der Gesundheit wirtschaftliche Interessen gegenüber, weil die Reduktion von Schadstoffen häufig teure technische Einrichtungen verlangt. Deshalb kann ein Schadstoff erst in die MAK-Liste aufgenommen werden, wenn seine Schädlichkeit statistisch belegt ist. Zweitens umfasst die Liste nur einen kleinen Teil der gefährdenden Stoffe. In der chemischen und pharmazeutischen Produktion werden mehrere hundert Endprodukte hergestellt; auf ein Endprodukt kommen bis zu 3000 Versuchsprodukte und in der Produktion laufen unzählige Zersetzungsprozesse ab. Nur von einem kleinen Teil der Stoffe ist aber bekannt, welche Schädigungen sie verursachen.

Zu den sekundärpräventiven Aufgaben der Suva gehören die umfassenden arbeitsmedizinischen Vorsorgeuntersuchungen. Jährlich werden über 100 000 Beschäftigte untersucht. Bei «erheblicher» gesundheitlicher Gefährdung muss die Suva laut Gesetz eine «Nichteignungsverfügung» aussprechen. 1986 traf ein solches Beschäftigungsverbot rund 240 Leute, ausserdem erhielten 1700 Beschäftigte eine Warnung, eine bedingte Eignungsverfügung.

Für die arbeitsmedizinische Vorsorge definiert die Suva «Gesundheit» nicht als psychischen und körperlichen Gesamtzustand des Wohlbefindens, sondern nur bezüglich der Eignung für eine bestimmte Tätigkeit. Wer beispielsweise mit Lungenreizstoffen arbeiten wird, gilt als geeignet, solange bei der medizinischen Untersuchung keine Beschwerden der Atemwege festgestellt werden und die Lungenfunktionsprüfung sowie ein spezieller Test für bronchiale Empfindlichkeit der Norm entspricht. Die Suva bestimmt Atemweggesunde, Lebergesunde, Blutgesunde – je nach geplantem Einsatzbereich. Diese Selektion bedeutet, dass an einem bestimmten Arbeitsplatz nur die Leute akzeptiert werden, bei denen aufgrund ihrer heute erkennbaren Anfälligkeiten für die betreffenden Schadstoffe keine «erhebliche» Gefährdung diagnostiziert wird. Während mit diesen Methoden heute Anfälligkeiten erfasst werden, für die es bereits irgendwelche körperlichen Symptome gibt (zum Beispiel Allergien, Asthma, Heuschnupfen), werden mit der Gendiagnose zukünftig auch Anfälligkeiten entdeckt, für die es noch keine Anzeichen gibt.

Der Mensch als Messgerät

Mit regelmässigen ärztlichen Kontrollen versucht die Suva, erste Anzeichen einer (Berufs-)Krankheit zu entdecken. Neben den klinischen Untersuchungen gewinnt in den letzten Jahren die biologische Messung, in der Fachsprache «Monitoring» genannt, immer grössere Bedeutung. Hier ist der Mensch selbst das Messgerät. Im Urin oder im Blut wird gemessen, welche Schadstoffmenge vom Körper aufgenommen wurde und wie gross die «individuelle Beanspruchung», oder im späteren Stadium die Schädigung ist. Aus einer messbaren Reaktion des Organismus wird ersichtlich, wie gut oder schlecht der Körper einen Schadstoff erträgt. Der Suva-Chefarzt Rudolf Schütz äusserte sich in der Zeitschrift Sozial- und Präventivmedizin (31/86) begeistert zum Biomonitoring: «Es ist (...) offensichtlich, dass es sich beim Biological Monitoring um eine elegante, recht genaue und für den Exploranden nicht belastende medizinische Überwachungstechnik handelt, die zudem in stetem Ausbau begriffen und von Raummessungen unabhängig ist.»

Wie dies in der Praxis aussieht, lässt sich am Beispiel des Schwermetalls Blei darstellen. Gesundheitsschäden durch Blei sind schon seit Jahrhunderten bekannt: Kopfschmerzen,

Schwindel, Lähmungen, Darmkoliken und Bewusstseinstörungen sind die Symptome einer Bleivergiftung. Seit für Blei ein MAK-Grenzwert definiert wurde, verzeichnen die Arbeitsmediziner einen Rückgang der schweren Bleivergiftungen. Die Gifteinwirkung ist zwar schädlich, wird aber mit Hilfe des Biomonitoring und den neu erstellten Biologischen Arbeitsstoff-Toleranzwerten (BAT-Werten) unterhalb einer eindeutig krankmachenden Menge gehalten.

Mit dem Biomonitoring kann der exakte Grad der Bleibelastung und Bleivergiftung ermittelt werden. Es wird nicht nur gemessen, wieviel Blei der Körper aufgenommen hat (wobei auch Faktoren wie «mangelnde persönliche Hygiene», also beispielsweise nachlässiges Händewaschen, berücksichtigt werden). Da sich bei gleichen Bleibelastungen erhebliche Unterschiede in der individuellen Reaktion zeigen können, wird in jedem Einzelfall untersucht, wie gross die Abwehrfähigkeit oder eben Empfindlichkeit des Arbeiters gegenüber Blei ist. Wer zu hohe Werte aufweist, ohne unbedingt schon krank zu sein, wird von der Suva vorübergehend oder definitiv als ungeeignet erklärt.

Biomonitoring ist ein ökogenetisches Instrument, denn es gibt indirekt Aufschluss über die genetischen Eigenschaften des Individuums, indem es deren Wirkung auf der Ebene der Genprodukte misst. Es ist eine Überwachungstechnik für Menschen, ein medizinisches «Frühwarnsystem», das, genau wie die Gendiagnose, die Bemühungen um eine generelle Reduktion oder einen Ersatz von krankmachenden und umweltbelastenden Schadstoffen unterminieren kann. Denn eines ist klar: Die Stoffe werden nicht weniger gefährlich dadurch, dass nur noch die genetisch resistenteren Leute mit ihnen arbeiten.

Der Unterschied zwischen der heutigen Praxis und den möglichen zusätzlichen genanalytischen Screenings ist minim: Bei der Eintrittsuntersuchung werden heute jene Bewerberinnen und Bewerber ausgelesen, die keine erkennbaren Anfälligkeiten aufweisen. Nachdem sie dann eine gewisse Zeit mit den Schadstoffen gearbeitet haben, kann durch das Biomonitoring gemessen werden, wie gross ihre Abwehrkraft ist. Ob jene Beschäftigten, deren Messwerte eine verminderte Resistenz anzeigen und bei denen die Suva Vorbehalte macht, betriebsintern versetzt werden oder bei nächster Gelegenheit entlassen, liegt im Ermessen des Unternehmers. Ohne dass jemand zuerst eingestellt und am Arbeitsplatz auf seine Resistenz getestet werden muss, wird es durch die Genanalysen zudem möglich, differenzierter und wesentlich mehr Anfälligkeiten zu diagnostizieren. Diejenigen mit der günstigsten erblichen Veranlagung können dann bereits bei der Eintrittsuntersuchung herausgefiltert werden.

Zum Beispiel Sandoz

Die Sandoz beschäftigt in ihrem Stammhaus rund 6500 Leute, über die Hälfte an Büroarbeitsplätzen, die andern in den Bereichen Industrielle Arbeit und Forschung. Bei Sandoz wird niemand ohne Eintrittsuntersuchung eingestellt. Erfassen der persönlichen Krankheitsgeschichte, Beantworten eines allgemeinen Fragebogens und klinische Untersuchung sind obligatorisch. Der Betrieb ist überdies dem arbeitsmedizinischen Programm der Suva für Chemiearbeiterprophylaxe unterstellt. Christoph Heierli ist Leiter des werkärztlichen Dienstes und führt arbeitsmedizinische Studien durch. In einer 1986 veröffentlichten Untersuchung klärte er ab, ob die Ursachen gesundheitlicher Probleme am Arbeitsplatz oder bei den betroffenen Individuen selbst zu suchen seien und kam zum Schluss, dass das Lebensalter und das Rauchen auf die Lungenfunktion von Chemiearbeitern, welche mit Lungenreizstoffen arbeiten, den weitaus stärksten Einfluss haben. Christoph Heierli ist auch Mitglied einer bundesdeutschen Fachkommission, die sich mit Gendiagnostik befasst.

Im Gespräch vermittelt er ein sehr positives Bild von seiner Arbeit. Es bestehe ein gutes Verhältnis zwischen Belegschaft und werkärztlichem Dienst: «Sie kömme gärn», meint er. Nur eine verschwindend kleine Anzahl Leute würden wegen versicherungstechnischen Problemen nicht eingestellt: «Am ehesten wegen Allergien, weil bei verschiedenen Arbeitsplätzen die Stoffkonzentrationen noch so hoch sind, dass ein Allergiker dort nichts verloren hat. Vor allem im Bereich Chemikalienproduktion gibt es einige Allergene. Da hat es keinen Sinn, jemanden zu nehmen, der schon Heuschnupfen hatte.»

Während Arbeiterinnen und Arbeiter mit Allergien in der Produktion gar nicht eingestellt werden, sucht man für die Tierärzte, Biologen und Pathologen im Forschungs- und Laborbereich, unter denen es sehr häufig schwere Allergiker hat, nach Lösungen. Weil die Industrie auf einen hochqualifizierten allergischen Tierforscher nicht einfach verzichten kann, wird das Problem intensiv bearbeitet: An einer Fachtagung im Herbst 1986 in Basel wurden allein fünf Forschungsprojekte über Allergieprobleme mit Labortieren vorgestellt. Sandoz hat zudem verschiedene Schutzmassnahmen eingeführt. Einerseits liess sie sehr teure Abschirmungen bauen mit Kompartimenten, die je einen verschiedenen Luftdruck haben, damit der Staub aus den Tierställen nicht auf dem ganzen Stockwerk verbreitet wird, andererseits gibt es eine Arbeitsteilung: Damit die Tierärzte und Pathologen nicht ständig in die Tierställe gehen müssen, bekommen sie nur das herauspräparierte Einzelorgan vorgelegt, das ein anderer – nichtallergischer – Angestellter für sie holt.

Die Einführung von genetischen Reihenuntersuchungen sei für Sandoz kein dringliches Anliegen, erklärt Christoph Heierli. Er begründet dies einmal mit den Arbeitsbedingungen, die nicht zu vergleichen seien mit jenen anderer grosser Chemiebetriebe, wo ein Grossteil der Mitarbeiter jahraus jahrein die gleiche Arbeit mache und somit über lange Zeit denselben belastenden Stoffen ausgesetzt sei. Die Sandoz-Belegschaft stelle abwechslungsweise mal dies, mal jenes Produkt her und arbeite auch immer wieder mit anderen Stoffen. Deshalb sieht er keinen Vorteil darin, für gewisse Arbeitsplätze nur Leute einzustellen, die gegenüber einzelnen Stoffen besonders resistent sind.

Ausserdem seien bestimmte genetische Anlagen für die eine

Substanz von Vorteil, für die andere aber ein Nachteil. So gebe es Mitarbeiter, welche gewisse Stoffe in ihrem Körper schneller umbauen, die sogenannten schnellen Azetylierer: «Es gibt Stoffe, die genau mit diesem Mechanismus quasi entgiftet werden; es gibt aber andere, die auf diese Weise giftiger werden. Wir haben in absehbarer Zeit nicht vor, die Belegschaft daraufhin zu untersuchen. Das Wissen über diese Mechanismen ist zudem relativ bescheiden. Auch wenn man von zwei Stoffen weiss, wie das geht, haben wir ja noch so viele andere Stoffe, über die man nichts weiss.»

Eine ähnliche Einschätzung der genetischen Screenings hat Marcel Jost von der Suva. Gegenüber den heutigen Anwendungsmöglichkeiten ist er skeptisch, weil die meisten Tests noch zu aufwendig und zu wenig präzise sind: «Machbar ist an sich viel, aber man weiss zu wenig darüber, was es bedeutet, wenn jemand eine Abweichung von der Norm aufweist. Sobald es aber praktikable Tests gibt, die im Einzelfall klare Aussagen über die Eignung eines Arbeitnehmers erlauben, werden wir die automatisch einführen.»

Für Christoph Heierli ist das Arbeitsplatz-Screening im Gegensatz zu Retortenbabies und Freilandversuchen mit biotechnisch erzeugten Bakterien und Viren vorderhand kein relevantes Thema. Er findet, man könne ruhig noch etwas zuwarten, bevor man eine Gesetzgebung in so breitem Rahmen, wie sie etwa in der Bundesrepublik geplant ist, überhaupt ins Auge fasse: «Weil die Schweiz sehr viel weniger Arbeitsärzte hat, kann vieles im kollegialen Kreis unter der Hand durchaus sinnvoll geregelt werden, was in Deutschland ein Gesetz braucht. Wir sind erfolgreicher, wenn wir ein paar Sachen diskret und vernünftig lösen und damit auch sehr viel weniger Aufsehen erregen.»

Aktueller ist zur Zeit unter Schweizer Arbeitsmedizinern die Frage, ob mit medizinischen Veranlagungstests den Berufskrankheiten schon vor der Berufswahl vorgebeugt werden soll. Christoph Heierli ist ein Befürworter dieser prophylaktischen Selektion. Er kritisiert deshalb die baselstädtische Regelung, die zwar Lehrlingsuntersuchungen vorschreibt, aber wegen des ärztlichen Geheimnisses nicht erlaube, dass Daten von nicht-empfohlenen Lehrlingen weitergeleitet und diese von der Lehre ausgeschlossen werden: «Ich bin der Meinung, dass man Atopiker, also Leute, die schon klinisch feststellbare Allergien hatten, nicht einen Beruf erlernen lassen soll, wo das eine Rolle spielt. Da muss man sie richtig leiten, da habe ich eine andere Meinung als viele meiner Kollegen. Der erste Beruf ist etwas so wichtiges. Wenn das gesundheitliche Risiko beträchtlich ist, sollte man die Finger davon lassen, sonst ist man später in der Entwicklung gestört.»

Vom schweizerischen Nationalfonds wird ein Forschungsprojekt über medizinische Berufseignung finanziert. Seit 1982 befragte ein St. Galler Allgemeinmediziner die Schülerinnen und Schüler der Gemeinde Grabs, um die «Häufigkeit allergologischer Erkrankungen bei Schulkindern einer Landbevölkerung im Hinblick auf die Berufsberatung» zu ermitteln. Vier Fünftel aller Fünfzehnjährigen liessen sich im Einverständnis der Eltern vor der Schnupperlehre eingehend testen. Die Resultate bestätigten die Beobachtung einer Zunahme allergischer Erkrankungen in der Schweiz, die «ebenso zunehmend eine häufige Ursache theoretisch voraussehbarer Berufskrankheiten» seien: Je nach Test reagierten bis zu 27 Prozent der Jugendlichen auf mindestens einen Stoff allergisch. Den solcherart Vorbelasteten gilt es nun den Berufswunsch auszureden, falls er sich nicht mit ihren Anfälligkeiten verträgt.

In einem weiteren aktuellen Forschungsprojekt, vorgestellt im Herbst 1986 an der arbeitsmedizinischen Fachtagung in Basel, wurde an 44213 Personen aus dem Kanton Aargau und an 5000 Berufsleuten aus dem Kanton Bern ein Massenscreening durchgeführt mit dem Ziel «Risikogruppen» zu identifizieren und berufs- und umweltbedingte Atemwegerkrankungen im Frühstadium erkennen zu können.

Der genetische Rassismus

Rassismus ist eines der manifesten Probleme bei der biologistischen Definition des Menschen. Die unterschiedlichen Gene nicht nur der Individuen, sondern auch von regionalen und ethnischen Gruppen, sind ein Resultat der Evolution: Über kleine zufällige genetische Veränderungen (Mutationen) entwickeln Menschen von Generation zu Generation die für ihre Umgebung günstigen Eigenschaften. Ein Beispiel solcher Anpassung ist das Sichelzell-Gen, das sich in der Bevölkerung von afrikanischen Malariagebieten entwickelte und jene, die das Gen nur von einem Elternteil geerbt haben, gegenüber Malaria widerstandsfähiger macht. Rund zehn Prozent der Schwarzen in den USA, der Nachkommen der Sklaven, weisen das Sichelzell-Gen auf. Sie sind selbst gesund und, ausgenommen bei Extrembedingungen, etwa beim Bergsteigen in sehr dünner Luft, voll leistungsfähig. Als Krankheit mit heftigen Schmerzen und einer Störung der Immunabwehr äussert sich die Sichelzellanämie bei rund zwei von tausend Schwarzen, die das veränderte Gen von beiden Eltern geerbt haben.

Obschon nie nachgewiesen wurde, dass diejenigen, die das Sichelzellmerkmal tragen, vermindert leistungsfähig sind und dies später sogar klar verneint wurde, ist dieses genetische Merkmal das am häufigsten erwähnte Beispiel für Arbeitsplatz-Screening. Die Eigenschaft wurde zum rassischen Stigma. In den siebziger Jahren wurden in den USA grossangelegte Überwachungsprogramme durchgeführt, um gefährdete Trägerpaare zu erfassen, bei denen nach den Gesetzen der Vererbungslehre die Möglichkeit besteht, dass eines von vier Kindern die Krankheit bekommen wird. Als Vorbeugemassnahme im Interesse der Betroffenen deklariert, wurden die Sichelzelltests bald zu einem rassistischen Selektionsinstrument. Einzelne Bundesstaaten verlangten von heiratswilligen Schwarzen einen Bluttest, Krankenkassen erhöhten ihre Prämien. Industriebetriebe testeten sämtliche schwarzen Mitarbeiterinnen und Mitarbeiter auf das Merkmal, von der Armee, einem der wichtigsten staatlichen Arbeitgeber, wurden sie ausgeschlossen. Die meisten dieser Programme wurden schliesslich eingestellt, doch auf den Empfehlungslisten für ökogenetische Tests ist das Sichelzell-Gen immer aufgeführt.

Eine mit der Sichelzellanämie vergleichbare, hauptsächlich im Mittelmeerraum, in Griechenland und Italien verbreitete Krankheit ist die Thalassämie (Thalassa: griechisch Meer). Sie tritt also in der Schweiz bei den ohnehin schon diskriminierten Fremdarbeiterinnen und Fremdarbeitern aus dem Süden auf.

Auch verschiedene andere in ökogenetischen Testlisten erscheinende Merkmale treten gehäuft innerhalb einer Rasse oder Ethnie, etwa bei männlichen Juden oder bei indianischen Stämmen, auf. Wenn solche Abweichungen einmal als Mangel oder Krankheit definiert sind, besteht die Gefahr diskriminierender oder gar offen rassistischer Reaktionen.

Jeder Gebrauch ein Missbrauch

Die Befürworter der ökogenetischen Auslese am Arbeitsplatz heben hervor, es gehe ihnen um den Schutz des Individuums. Daneben argumentieren sie aber auch mit dem drohenden Bankrott der Sozialversicherungen und betonen deshalb die Verantwortlichkeit des Einzelnen für seine Gesundheit. Sie postulieren das «neue Menschenrecht», die eigene genetische Disposition zu kennen, Bescheid zu wissen über Krankheitsrisiken. Zwei häufig genannte Beispiele: Ein Arbeiter, bei dem die Wahrscheinlichkeit für eine spätere Erkrankung wegen eines bestimmten krebserregenden Arbeitsstoffes um die Hälfte höher ist als das Risiko der meisten anderen, muss vor dieser Arbeit geschützt werden. Oder: Individuen mit erhöhter Empfindlichkeit der Atemwege hätten das Recht, dies zu wissen, um einen entsprechend niedrig belasteten Wohnort und Beruf auszusuchen.

Die Gegner befassen sich vor allem mit den politischen und sozialen Auswirkungen der Genanalyse. Sie warnen vor dem neuen biologischen Selektionsinstrument, vor der «genetischen Berufsberatung» und vor der Gefahr, dass bei einem

Rückgang der Arbeitsplätze eine neue Klasse von Arbeitslosen «wegen ungünstiger genetischer Disposition» entstehen könnte. «Sozialpolitisch muss eine Fehlentwicklung vermieden werden, nach der Lebens- und Aufstiegchancen in der Gesellschaft nach genetischen Kriterien vergeben werden», schreibt die Enquête-Kommission des deutschen Bundestags.

Die aus bürgerlichen Politikern und medizinischen Fachleuten zusammengesetzte Enquête-Kommission (der man Wirtschafts- und Forschrittsfeindlichkeit sicher nicht vorwerfen kann), sieht mit den diagnostischen Möglichkeiten der Ökogenetik eine sehr bedrohliche Entwicklung auf uns zukommen und erörtert ausführlich die Gefahren ihrer Anwendung. Doch zum Vorschlag eines generellen Forschungs- und Anwendungsverbotes konnte sie sich trotzdem nicht durchringen, weshalb ihre Empfehlungen äusserst zwiespältig gerieten und zum Teil gar völlig unrealisierbar sind: So lehnt sie «die generelle Anwendung der genetischen Analyse in Reihenuntersuchungen an Arbeitnehmern grundsätzlich ab», befürwortet diese aber «im Rahmen arbeitsmedizinischer Vorsorge». Aber eine Grenze zwischen «genereller» und «vorsorglicher» Anwendung zu ziehen, wäre unmöglich, noch liesse sich deren Einhaltung kontrollieren. Genauso unrealistisch und unkontrollierbar ist ihr Vorschlag, mit den genanalytischen Tests nur die «gegenwärtige gesundheitliche Eignung des Arbeitnehmers» zu erforschen, hingegen alle Untersuchungen, welche «Krankheitsanlagen und zukünftige Krankheiten des Arbeitnehmers diagnostizieren», auszuschliessen.

Immerhin wird aus dem Bericht klar, dass der Kommission sehr wohl bewusst war, dass es praktisch keinen Gebrauch der arbeitsmedizinischen Genanalyse gibt, der nicht auch gleichzeitig ein Missbrauch ist. Sie empfiehlt deshalb eine lange Reihe von gesetzlichen Vorschriften, mit denen «die erkennbaren Gefahren ihres Missbrauchs und drohende Fehlentwicklungen» abzuwehren seien. Eine erstaunlich realistische Einschätzung über die Untauglichkeit des bestehenden deutschen Datenschutzgesetzes, das schon jetzt jeden Datenmissbrauch verbietet, führt die Kommission zur Empfehlung, genetische

Daten dürften «nicht in Personalinformationssysteme aufgenommen und nicht in anderen Dateien des Arbeitgebers elektronisch gespeichert und verarbeitet werden», und selbst «im betriebsärztlichen Bereich muss die elektronische Speicherung individualisierter genetischer Daten ausgeschlossen werden». Wieso allerdings einer solchen Vorschrift mehr Vertrauen gebühren sollte als dem bisherigen Datenschutz, schreibt sie nicht.

Aber selbst wenn mit lückenloser Kontrolle und Datenschutz verhindert werden könnte, dass jemand unfreiwillig seine genetischen Daten preisgeben muss, bleibt immer noch die Gefahr, dass Stellenbewerberinnen und Stellenbewerber von sich aus einem Test zustimmen, falls die Betriebe sich das Recht herausnehmen, nur Leute einzustellen, die ihn freiwillig machen. In einem Sondervotum des Berichts kommen deshalb Die Grünen, welche mit einem Sitz in der Kommission vertreten waren, zum Fazit: «Der einzig wirksame Schutz gegen Diskriminierung und Missbrauch der genetischen Analyse von sogenannten Anfälligkeiten für berufsbedingte Krankheiten ist der Verzicht auf die Weiterentwicklung und Anwendung derartiger Verfahren.»

Ausser diesem Verbot fordern Die Grünen, der betriebliche Gesundheitsschutz müsse sich an den empfindlichsten Menschen wie den älteren Beschäftigten und den Schwangeren orientieren. Zudem müssten alternative Produktionsverfahren entwickelt und es müsste auf Produkte verzichtet werden, die nur unter Inkaufnahme einer Gesundheitsgefährdung hergestellt werden können. Diese Forderungen lassen zwei Fragen offen: Wie lassen sie sich durchsetzen gegen die Interessen der Konzerne? Wie lassen sie sich weltweit durchsetzen? Denn bereits jetzt zeichnet sich ab, dass eine Verschärfung der Vorschriften bei uns dazu führt, dass die Multinationalen mit ihrer explosiven Produktepalette in Schwellenländer ausweichen, die sich Schutzmassnahmen nicht leisten können.

In der Schweiz beginnen die Gewerkschaften erst, sich mit den verschiedenen Bereichen der Gentechnologie zu beschäftigen. Im Mai 1987 organisierte die am meisten betroffene Gewerkschaft Textil, Chemie und Papier (GTCP) einen ersten Schulungskurs für Gewerkschaftsleute, wo die Gen- und Biotechnologie in ihren gesamtgesellschaftlichen Zusammenhängen dargestellt wurde – neben der Genanalyse bei Eintrittsuntersuchungen auch die Fortpflanzungstechniken, die Auswirkungen der sogenannten sanften Chemie im Pflanzenschutz und bei der Saatgutzüchtung.

Bei Atembeschwerden Umzug ins Grüne?

Die Vorstellung, Chemie könne sanft sein, ist zwar irreführend, aber auch sehr verlockend. Als Alternative zur harten, aggressiven Chemie wird die Bio- und Gentechnik angeboten, die sich an den Vorgängen in der Natur orientiere. Doch die neue Technik will die Probleme der industriellen Produktion lösen, indem sie die Menschen an deren lebensfeindliche Bedingungen anzupassen sucht. Fortschritts- und Wachstumseuphorie ist eng verbunden mit Technikgläubigkeit. Zum industriellen Wachstum gehört eine wachsende Zahl von neuen künstlichen Werkstoffen und Chemikalien mit weitgehend unbekannten Gefahren für die Gesundheit – das Restrisiko. Der Alltag wird zu einem Hindernislauf; das Individuum ist aufgefordert, die Risiken wenigstens individuell zu beschränken. Dabei wird nach jedem Strohhalm gegriffen, wird die technische und medizinische Forschung als Reparaturbetrieb vorangetrieben. Die Ökogenetik soll uns den Weg zur individuell «richtigen» Lebensführung weisen, soll uns helfen, im Wissen um die eigenen Veranlagungen, die Bürde der Verantwortung für die eigene Gesundheit zu tragen. Der Genpass ergänzt die Berufsberatung, wir werden dort eingesetzt, wo unsere biologischen Eigenschaften am besten zu gebrauchen sind.

Die Ökogenetik verengt den Blickwinkel; sie reduziert die Gründe für die Entstehung einer Krankheit auf einen einzelnen angeborenen Faktor und lässt damit ausser Acht, dass es komplexe physische und psychische Vorgänge sind, die die

Widerstandskraft oder Anfälligkeit eines Menschen bestimmen.

Die Ökogenetik lenkt von den Ursachen und Verursachern der Krankheiten ab. Nicht weil er genetisch überempfindlich ist, bekommt ein Arbeiter eine Bleivergiftung, sondern weil er mit Blei arbeiten muss. Nicht seine Veranlagung und nicht er selbst sind schuld, wenn er krank wird, sondern das Blei, die fehlenden technischen Schutzmassnahmen des Betriebs.

Die Ökogenetik gibt Scheinauswege vor. Wie sollen die Menschen mit der erhöhten Empfindlichkeit der Atemwege ihren Wohnort wählen? Können die anfälligen Frauen, Männer und Kinder, die in den Industriezentren wohnen, künftig auf ärztliche Weisung in die Villenviertel am grünen Stadtrand ziehen?

Die Ökogenetik täuscht darüber hinweg, dass gefährliche Stoffe für alle gefährlich sind, nicht nur für einige wenige «Überempfindliche». Sie lenkt davon ab, dass eine wirksame Gesundheitsvorsorge nur darin bestehen kann, auf die Produktion und Verwendung von Stoffen, die Mensch und Umwelt gefährden, zu verzichten. Die Anstellung besonders resistenter Menschen schützt nicht vor den wirklichen Gefahren, vor Bhopal, Seveso oder Schweizerhalle.

INA PRAETORIUS

Ethik – die neue Hoffnung

Ein Essay

Neuerdings, so heisst es, werde in der Öffentlichkeit viel über Ethik gesprochen. Mir fällt das nicht auf, denn für eine Vollzeitkopfarbeiterin an einem universitären Ethikinstitut dreht sich ohnehin die Welt um dieses Wort.

Wenn es aber wahr ist, dass die Ethik heute in die Schlagzeilen gerät – und zwar ganz besonders im Zusammenhang mit den Anwendungen der modernen Biotechnologien auf den Menschen –, was könnte das bedeuten? Ein neues Schlagwort, das sich bald als hohl erweisen wird? Oder ruft mann – rechts und links – nach Ethik, weil technische Eingriffe zahlreicher werden an einem Ort, den westliche Normideologie zum Hort reiner Liebe erklärt hat: in der Kleinfamilie mit deren vergötterter und eingesperrter Hauptperson, der Ehe-Frau-Mutter? Weil immer deutlicher wird, dass Technokratie nicht haltmacht vor der Intimsphäre, die gemeinhin als exklusiver Ort von Moral gilt?

Vielleicht sitzt der Grund für die neue Ethikdiskussion tiefer: Herkömmliche Glaubensinhalte – ich meine weniger traditionell-religiöse Bekenntnisse als vielmehr den «aufgeklärten» Glauben an Fortschritt und männlichen Durchblick – werden angesichts sich häufender Kulturkatastrophen in immer breiteren Kreisen brüchig. Für die einen gilt es daher, der langfristig profitmindernden Fortschrittsangst Grenzen zu setzen und ein Beruhigungsmittel zu verabreichen: Sie nennen es Ethik. Die anderen besinnen sich auf die moralischen Grundlagen systemkritischer Positionen und fangen an, offensiver über Ethik zu reden, die sich – real, wenn auch nicht verbal – schon immer auf der Seite des Widerstandes befunden habe. Wird «Ethik» zum neuen Hoffnungswort, in dem Neuorientierungswünsche der verschiedensten gesellschaftlichen Gruppierungen zusammentreffen? Eignet sich «Ethik» womöglich wirklich als Brückenbegriff für notwendige Umgruppierungen in einer Gesellschaft, die angesichts der Möglichkeit ihrer Selbstzerstörung in Bewegung gerät?

Ethik: Nachdenken über Moral

Ethik wird üblicherweise definiert als Nachdenken über moralisches Handeln, also über den Teil menschlichen Tuns, von dem angenommen wird, er beruhe auf freien Entscheidungen. Die Begriffe «Ethik» und «Moral» sind demnach nicht – wie häufig angenommen wird – gleichbedeutend, sondern: Moralen sind die faktisch bestehenden, historisch gewachsenen Regelsysteme, nach denen sich unser Handeln richtet. Und Ethik ist das *Reflektieren über* diese Regelsysteme. Wenn sich Ethik als normativ versteht, so ist sie Reflexion darüber, welche Moral oder welche Moralen zum «guten Leben» führen. Was gutes Leben ist, darüber wird selbstverständlich gestritten. Es gibt auch Ethiker, die Ethik als deskriptive Wissenschaft betreiben. Sie beschränken sich darauf, faktisches moralisches Handeln möglichst genau zu beschreiben, ohne es zu bewerten. Wenn heute in der Öffentlichkeit eine *neue* Ethik gefordert wird, so ist im allgemeinen normative Ethik gemeint.

Ethik existiert als Wissenschaft und im Alltag. Als wissenschaftliche Disziplin ist sie institutionalisiert an philosophischen und theologischen Fakultäten, wo Männer und ganz wenige Frauen Ethik als Teildisziplin eines dieser Fächer mit den üblichen wissenschaftlichen Ansprüchen an Genauigkeit, Überprüfbarkeit etc. betreiben. Normative Ethik wird ausserdem in einer Reihe von nichtstaatlichen oder parastaatlichen Institutionen gemacht: So unterhält der Schweizerische Evangelische Kirchenbund ein Institut für Sozialethik, das regelmässig Stellungnahmen zu ethischen Fragen ausarbeitet. Auf katholischer Seite existiert in vergleichbarer Position die

Kommission Justitia et Pax. Die Schweizerische Stiftung für Sozialethik wurde im Jahr 1983 gegründet. Ihre Stiftungsräte sind bekannte Persönlichkeiten aus der Wirtschaft, wie Ex-Bankdirektor Philippe de Weck, der Naturwissenschaft, wie Biologie-Nobelpreisträger Werner Arber, Vertreter von Kirchen und Ethikinstituten. Ethik betreiben auch die Kommissionen der Schweizerischen Akademie für Medizinische Wissenschaften (SAMW) und andere Standesorganisationen.

Im Alltag ist Ethik allgegenwärtig in Gesprächen, Lobreden, Ermahnungen und zahllosen anderen Sprechakten, die sich in irgendeiner Weise reflektierend auf strittiges Handeln beziehen.

Hofethik und Widerstandsethik

Etwas schematisch, aber nützlich scheint mir die Unterscheidung zwischen Hofethik und Widerstandsethik: Ethik, die ihre Vorstellung von gutem Leben so formuliert, dass sie nicht mit den Zielen der jeweils herrschenden Klasse, des dominierenden Geschlechts, der «Herrenrasse» etc. kollidiert, nenne ich systemstabilisierende Ethik, kürzer: Hofethik. Ein Ethiker etwa, der zwar bestimmte sogenannte Missbräuche der Gentechnologie ablehnt, der aber die Machtstellung der Naturwissenschaft und die mit ihr verbündeten Profitinteressen unangefochten lässt, betreibt wissenschaftliche Hofethik, denn er bezweifelt nicht, dass diejenigen, die in dieser Gesellschaft das Sagen haben, grundsätzlich fähig und berufen sind, gutes Leben herzustellen. Eine Hausfrau, die sich dafür entscheidet, ihre unbezahlte Be- und Erziehungsarbeit perfekt zu verrichten, betreibt alltägliche Hofethik, denn sie gibt zu erkennen, dass sie die geschlechtsspezifische Aufteilung von Lohn- und Hausarbeit, wie sie im Kapitalismus vorherrscht, für einen gangbaren Weg zum guten Leben hält.

Ethik, die aufgrund von Herrschaftsanalysen «gutes Leben» unabhängig von – oder im Widerspruch zu – den gegebenen Machtverhältnissen entwirft, nenne ich Widerstandsethik. Eine Form von Widerstandsethik, die insbesondere im Zusammenhang mit der lateinamerikanischen Befreiungstheologie entwickelt wird, ist die Befreiungsethik, von der Enrique Dussel schreibt: «Die Befreiungsethik entsteht als eine Theorie, der eine Praxis vorangeht, die sich dem System als ganzem widersetzt, und sie wird von dieser Praxis gefordert. (...) Aufgabe der Befreiungsethik (...) ist es, die Grundlage des Systems zu ‹ent-gründen› und ein anderes Fundament zu legen, das ‹jenseits› des jetzigen Systems liegt bzw. es transzendiert.»

Als Widerstandsethik im Sinne dieser Definition versteht sich auch feministische Ethik. Sie geht aus von der Entdekkung des Androzentrismus* bisheriger Ethikentwürfe: Traditionelle Ethik des westlichen Kulturraumes setzt den erwachsenen, besitzenden Mann als moralisches Subjekt und entwirft von ihm her Moralen, die sich als «allgemeinmenschlich» ausgeben, die aber genau besehen nichts weiter sind als nach Geschlecht und Klasse differenzierte Systeme von Rollenvorschriften. In diesem Denkgebäude kommt dem Mann-Menschen die eigentliche moralische Grösse in Gestalt der Fähigkeit zum «vernunftgeleiteten» moralischen Urteil zu. Frauen und andere Behinderte gelten demgegenüber – explizit oder implizit – als unvollkommene, beschränkt zurechnungsfähige Subjekte. Diese Ethik und Moral – so die Denkvoraussetzung feministischer Ethik – ist unangemessen und schädlich nicht nur für Frauen, sondern für alle, denn sie ist ein Herrschaftsinstrument und keineswegs allgemeingültig und objektiv. Welche positiven Aussagen von der Androzentrismuskritik her gemacht werden können, wird diskutiert: Sind Frauen andere – beziehungs- statt normorientierte, «ganzheitliche» statt in Gefühl und Vernunft gespaltene – moralische Subjekte, von denen aus sich eine neue Ethik und neue Moralen entwerfen liessen? Oder reicht es aus, traditionelle Grundwerte wie Gerechtigkeit und Menschenwürde konsequent auf Frauen und andere Ausgeschlossene auszudehnen?

Ethik und Biotechnologie: Bioethik

Weil im Umkreis der Gen- und Reproduktionstechnologie und insbesondere deren Anwendung auf den Menschen die Frage nach der Ethik besonders dringend zu werden scheint, haben Ethiker einen neuen Namen erfunden: Bioethik. In den etablierten Ethikinstitutionen wird neuerdings also neben Wirtschaftsethik, Sexualethik, politischer Ethik etc. auch Bioethik betrieben. Sie «befasst sich mit sittlichen Fragen von Geburt, Leben und Tod, insbesondere im Hinblick auf neuere Entwicklungen und Möglichkeiten der biologisch-medizinischen Forschung und Therapie», heisst es im Lexikon der Ethik von Otfried Höffe. Die Unterteilung der Ethik in solche Einzelgebiete ist allgemein üblich, scheint mir aber problematisch: Wesentliche Aspekte «bioethischer» Probleme werden nämlich ausgeblendet, wenn diese Probleme nicht auch als wirtschafts- oder sexualethische verstanden werden. Wer teilt und herrscht da?

Das Institut für Sozialethik der Universität Zürich veranstaltete in den Wintersemestern 1984/85 und 1985/86 Kolloquien zum Thema Bioethik mit illustren Gästen aus der Naturwissenschaft: unter anderen den Molekularbiologen Charles Weissmann und Werner Arber. Zwar herrschte in diesen Lehrveranstaltungen kein Mangel an oberflächlich-kritischer Rhetorik. Deutlich wurde jedoch, dass das Gespräch zwischen Naturwissenschaftlern und Ethikern abreisst, sobald die übliche hofethische Rangfolge ins Wanken zu geraten droht, sobald nämlich der Ethiker oder die Ethikerin nicht mehr bereit ist, den Wunsch des verunsicherten Naturwissenschaftlers nach grundsätzlicher Absegnung seines Tuns zu erfüllen. Konsequenz: Es bleibt bei Hofethik – oder die Ethiker rücken in den Augen ihres Gegenübers gefährlich nach links, wo sie nicht hinwollen, weil sie eben Hofethiker sind...

Ethik als Predigt

Viele Ethiker sind Theologen. Das ist kein Zufall, denn die Kirche hat eine lange Tradition als Moralinstanz – übrigens nicht nur als hofethische, sondern auch als widerstandsethische, was oft verkannt wird. Die Redegattung, in der sich die Kirche vorzugsweise öffentlich äussert, ist die Predigt. Und diese Redeform scheint auch zur beliebtesten bei den Ethikern geworden zu sein, und zwar in der klassischen Salto-mortale-Form, wie sie in reformierten Sonntagsgottesdiensten üblich ist: Erst schildert der Pfarrer die Welt in talarschwarzen Farben und dann holt er Gott herbei, der macht, dass am Ende alles doch gut ausgeht.

Die ethische Variante der Sonntagspredigt sieht so aus: Zuerst einmal erfahre ich, dass «wir» (wer?) ganz gefährliche und böse Dinge zu tun im Begriff sind: «Mit den Methoden der Gentechnik und der Fortpflanzungsmedizin, das heisst der Befruchtung ausserhalb des Körpers, scheint die Biomedizin, ja die Wissenschaft insgesamt, in Bereiche vorzudringen, die man in früheren Zeiten einzig Gott, der Natur oder dem Zufall überlassen hatte.» [1]

Meistens ist davon die Rede, dass «der Mensch» seine Grenzen überschritten habe. Der Mensch ist, wie schon die Arbeiterbewegung und neuerdings Feministinnen herausgefunden haben, kein sehr präziser Begriff, ebensowenig wie das beliebte Predigt-Wir. Aber Präzision ist auch nicht Sinn der Predigt...

Danach wird mir mitgeteilt, was alles schon gemacht wird, und ich erfahre ganz nebenbei, dass das Ganze auch Vorteile hat: «Zwar erweitern (...) Testmethoden die medizinischen Handlungsmöglichkeiten, gleichzeitig aber erzeugen sie eine Vielzahl neuer Entscheidungslasten (...).»

Da wir es also mit einer «verhängnisvollen Ambivalenz» zu

[1] Dieses wie die folgenden Zitate stammen aus: Hans-Peter Schreiber, Ethische Fragen zur Gentechnik, Wollen wir, was wir können? In: Kirchenbote des Kantons Zürich 7/87, S. 6/7.

tun haben, geht es nun darum, sorgfältig Vorteile und Nachteile abzuwägen, um den richtigen Umgang mit den Techniken herauszufinden: «Angesichts der rasanten Entwicklung (...) der Gentechnologie bleibt schliesslich die Frage, ob es uns gelingen wird, innerhalb dessen, was technisch machbar ist und wird, zwischen Sinnvollem und Absurdem verantwortlich zu entscheiden.»

Und dazu sind nun die Ethiker – zusammen mit den Juristen – berufen. Sie stellen sich als Repräsentanten des «Wir» zur Verfügung und versprechen, das Ganze mit all ihrer denkerischen Kraft in gute Bahnen zu lenken. Nach einem letzten kleinen Schlenker über die bedrohliche Weltsituation («Verführung durch das Machbare») werde ich beruhigt aus dem Text und dem Thema entlassen: «Denn die für einen humanitären Gebrauch von Wissenschaft und Technik entscheidende Frage nach Sinn und Ziel menschlichen Lebens hängt ab von einer Weisheit, die (...) den Geheimnischarakter alles Lebendigen zu respektieren weiss – eine Weisheit also, die höher ist als unsere technische Vernunft.»

Selten ist das, was ein Ethiker schreibt, falsch. Aber genau darin liegt das Problem: Wer so offensichtlich und unprägnant recht hat, dem wird vertraut. Und Vertrauen, oder wie es heute heisst, Akzeptanz zu schaffen, ist ein wesentliches Ziel der Hofethik.

Was *nicht* in hofethischen Texten steht: Wer forscht warum für wen und von wem bezahlt? Wer ist der Ethiker? Mit welchem Instrumentarium arbeitet er? Ist sein Instrumentarium gut genug für das grossangelegte Management, das er sich offensichtlich zutraut? Von wem ist er bezahlt?

Um noch einmal auf die protestantische Predigt zurückzukommen: In der wirklichen Sonntagspredigt ist es Gott Vater, der am Ende macht, dass alles doch nicht so schlimm ist. In der ethischen Predigt ist es der Ethiker selbst.

Widerstandsethik

Widerstandsethik gibt es nicht nur in Lateinamerika, wo sie bereits breit diskutiert wird, sondern auch in der Schweiz. Sogar in den Kirchen. Es ist Widerstandsethik der Sache nach, aber viele machen einen Bogen um Worte wie *Ethik* und *Moral*, die allzusehr als Besitz derer angesehen und verdächtigt werden, denen es um Akzeptanzfeldzüge, nicht aber um gutes Leben geht. Ethik «gehört» aber niemandem. Sie wird, anders als das Recht, das wie die Ethik Normen produziert und insofern eng mit ihr verwandt ist, nicht nach formal eindeutig festgelegten Regeln «gesetzt» und «durch-gesetzt». Jede und jeder kann Ethik machen. Und diejenigen, die zu wissen glauben, dass Ethik auf der Seite des Widerstandes ist, haben keinen Grund, denjenigen Begriff zu meiden, der die Suche nach dem guten Leben bezeichnet.

Widerstandsethik gegenüber den neuen Biotechnologien müsste zunächst die Aussagen derer, die die Technologie machen und verkaufen wollen, kritisch überprüfen. Zum Beispiel: Kann es wahr sein, dass hinter der Entwicklung der pränatalen Diagnosemethoden ausschliesslich das Interesse steht, das Leiden von Behinderten und ihren Familien zu vermindern? Ist nicht schon die nachweisbare Ignoranz, mit der üblicherweise politische Forderungen von Behinderten und Müttern beiseitegeschoben werden, ein Hinweis darauf, dass das Argument der Leidensverminderung hier ein Vorwand ist? Und wenn es ein Vorwand ist: welche Interessen sind es wirklich, die die Technologieentwicklung vorantreiben?

Wenn ich solche Fragen selbstkritisch und sorgfältig zu beantworten versuche, entsteht ein realistischeres Bild vom technologischen Fortschritt: Nicht mehr die an den moralischen *Common sense* angepassten Vorwände derer, die von vornherein ein Interesse an Akzeptanzförderung haben, stehen im Vordergrund, sondern die realen Interessen: wirtschaftliche etwa, oder Forscherehrgeiz – Interessen jedenfalls, die nicht so leicht ethisch abzusegnen sind wie der Wunsch, Leiden zu vermindern.

Dieses Bild, nicht das zurechtgestutzte, das eigentlich gar keines Ethikers mehr bedarf, weil es ethische Entscheidungen bereits vorwegnimmt, muss an ethischen Massstäben gemessen werden. Also nicht Tautologien wie: Ist es gut, das Leiden von Behinderten zu mindern? Sondern: Ist es gut, mit dem Vorwand der Leidensverminderung einer risikoreichen, teuren, eugenisch motivierten Technologie zum Durchbruch zu verhelfen?

Die Praxis, die einer systematischen widerstandsethischen Reflexion vorausgehen müsste – Befreiungspraxis ist notwendige Voraussetzung jeder Befreiungsethik – existiert in den verschiedensten Widerstandsgruppen. Die Theorie müsste ausgebaut werden von Leuten, die das Nachdenken über den Gebrauch von Freiheit nicht denen überlassen wollen, die unter Moral den eigenen Vorteil und das Wohlverhalten anderer verstehen.

CLAUDIA BISLIN

Bändigen Gesetze eine Technologie?

Die öffentliche Auseinandersetzung um die Gentechnologie, an der die Wissenschaft seit Jahren arbeitet, hat erst vor kurzem begonnen. Vorgezeichnet wurde sie Mitte der siebziger Jahre von den Forschern selbst. Damals warnten amerikanische Molekularbiologen als erste vor den mit gentechnischen Experimenten verbundenen Gefahren, so etwa vor dem Entweichen manipulierter Bakterien aus dem Labor. Sie einigten sich in der Folge auf Sicherheitsrichtlinien im Umgang mit neukombinierter DNS, die sowohl in den USA wie in der BRD für verbindlich erklärt wurden. 1975 übernahm die Kommission für experimentelle Genetik der Schweizerischen Akademie für medizinische Wissenschaften* (SAMW) unter der Leitung des Molekulargenetikers und Nobelpreisträgers Werner Arber die amerikanischen Richtlinien samt den Lockerungen, die sie im Interesse der Forschung laufend erfuhren und weiterhin erfahren. 1986 wurde sie umbenannt in Interdisziplinäre Schweizerische Kommission für Biologische Sicherheit in Forschung und Technik (SKBS).

Die Forscher wurden für ihr Verantwortungsbewusstsein weithin gelobt. In Wirklichkeit dienten diese selbstauferlegten Richtlinien der Beruhigung einer aufmerksam werdenden Bevölkerung, während der Forschungsbetrieb im Schatten der Buchstaben ungehindert weiterging.

Stand anfänglich bei dieser Diskussion die Sicherheit der gentechnischen Labors und Experimente im Vordergrund, wurden mit der Zeit ethische Fragen aufgeworfen, die sich allerdings auf die Humangenetik beschränkten, während die gentechnische Arbeit mit und an Tieren, Pflanzen und Bakterien, die ökonomisch weit mehr ins Gewicht fällt, kaum je erwähnt wird. Wirklich zu diskutieren gab die Gentechnologie in der Öffentlichkeit also erst, als sie sich am Menschen zu schaffen machte. Die SAMW gründete eine «Kommission für Bioethik im Umgang mit menschlichen Keimzellen und Embryonen» und erliess Richtlinien zuhanden von Medizin und Forschung. Hansjakob Müller, Humangenetiker an der Universität Basel und Präsident dieser Kommission, stellte seine Dienste auch dem European Medical Research Center (EMRC) zur Verfügung; dieses veröffentlichte im Juni 1983 Richtlinien, welche der Strafrechtler Albin Eser in einem Fachgespräch des deutschen Forschungsministeriums als «Selbstbedienungsempfehlungen» qualifizierte.

Tatsächlich gebärden sich die Forscher weit ungehemmter, wenn sie unter sich sind. Man muss davon ausgehen, dass die EMRC-Richtlinien für den internen Gebrauch bestimmt sind, während die Öffentlichkeit mit offiziösen Leitlinien wie jenen der SAMW beruhigt wird. Das EMCR befürwortet beispielsweise ausdrücklich die Forschung am Embryo, die von der SAMW ebenso ausdrücklich untersagt wird.

Mit dem Embryoforschungsverbot hat es allerdings eine besondere Bewandtnis. Die Ausarbeitung der SAMW-Richtlinien fiel in die Jahre 1984 und 1985 mit den heftigen Kontroversen um die Initiative Recht auf Leben. Es erschien den Medizinherren taktisch unklug, Öl ins Feuer zu giessen und die Forschung am Embryo zu erlauben. Schon ein halbes Jahr nach der Verwerfung der Initiative relativierte Christian Brückner, Rechtskonsulent der SAMW, das Forschungsverbot und wies auf bestehende Hintertüren hin: «Verfahrensbegleitende Beobachtungen» am Embryo seien ebenso zulässig wie die Manipulation von Keimzellen, «die ausserhalb eines Fertilisationsprogrammes untersucht werden». Ein bisschen Forschung also doch, und zwar an jenen «überzähligen» Embryonen, die nicht für die Einpflanzung in den Mutterleib vorgesehen sind.

Die Genetiker beteuern regelmässig, die Fortpflanzungstechnologie und die Gentechnologie hätten nichts miteinander zu tun. Wenn das EMRC im Punkt 2 seiner Richtlinien die Förderung der In-Vitro-Befruchtung- und Embryotransfer-Forschung empfiehlt, da sie mithälfen, «die zahlreichen unbeantworteten Fragen zur Biologie der menschlichen Fortpflanzung und zu den frühesten Lebensstadien» zu klären, mag das zutreffen. Aber es verschleiert den wirklichen Zusammenhang. Denn nur diese Techniken machen den Genetikern das Material zugänglich, das sie für die Erforschung und Manipulation der menschlichen Erbsubstanz benötigen.

Richtlinien statt Gesetze

Die Richtlinien privater Interessenverbände wie der SAMW wollen einer öffentlichen, gesetzlichen Regelung zuvorkommen. Hansjakob Müller meinte 1983 in seiner Stellungnahme zu einem Vorstoss im Basler Kantonsrat, eine Kontrolle der Forschung durch die Akademie «sollte einen staatlichen Interventionismus auch im Sinne des Europarates unnötig machen». Die Gesetzgebung ist träge, und für die sich entwikkelnde Genforschung wird eine flexible Lösung gewünscht, eine Regelung, die den «Bedürfnissen» der Forschung angepasst ist. In diesem Zusammenhang wird eindringlich mit der Forschungsfreiheit argumentiert, die zum Wohle aller nicht angetastet werden dürfe.

Die Schweizerische Akademie für medizinische Wissenschaften hat ihr Ziel erreicht. Als Anfang der achtziger Jahre kantonale und nationale Parlamente begannen, sich um die Entwicklung der Gen- und Fortpflanzungstechnologie zu kümmern, wurden sie von den Behörden auf die SAMW-Richtlinien verwiesen. Eine gesetzliche Regelung dränge sich nicht auf, umso weniger, als auch von Seiten des Europarates Empfehlungen erwartet würden, betont der Bundesrat immer wieder.

Einige Kantone wollten allerdings nicht zuwarten. Sie erliessen Gesetze zur Gen- und Fortpflanzungstechnologie, die im Wortlaut weitgehend mit den SAMW-Richtlinien übereinstimmen. Der Kanton Aargau hat Hansjakob Müller von der SAMW als Berater beigezogen. Am weitesten aber ging der Kanton Genf. Er übernahm nicht nur die Richtlinien ins Gesetz, sondern gab auch gleich zukünftigen Veränderungen derselben Gesetzeskraft. Das bedeutet nichts anderes, als dass die private Standesorganisation der Ärzteschaft die Gesetzgebung im Kanton Genf auf diesem Gebiet bestimmt und damit die Regelung dieser bedeutenden Fragen der parlamentarischen Auseinandersetzung entzogen wird.

Nach Lancierung der Beobachter-Initiative Gegen Missbräuche in der Gen- und Fortpflanzungstechnologie beim Menschen und angesichts der wachsenden Kritik in der Öffentlichkeit setzte der Bundesrat im November 1986 eine Expertenkommission unter Bundesrichter Amstad ein, die bis 1988 einen ersten Bericht abliefern soll.

Wandte sich die SAMW anfänglich gegen jeden Versuch, gesetzliche Regelungen zu entwerfen, änderte sie im Mai 1985 ihre Haltung. Für sinnvoll hält sie nun Gesetze in den Bereichen der Eingriffe in das Erbgut menschlicher Keimzellen, der organisierten Leihmutterschaft und des Handels mit und Missbrauchs von Embryonen für pharmazeutische Zwecke. Das sind im wesentlichen auch die Themen, die von der Beobachter-Initiative angesprochen werden. Diese ficht hauptsächlich gegen den «gewerbsmässigen» Umgang mit Keimzellen und Embryonen – eine Formulierung, welche die Forschung mit ihnen ausschliesst.

Besänftigtes Misstrauen – gesicherte Herrschaft

Die Beobachter – Initiative weckt bei vielen misstrauisch gewordenen Menschen die Hoffnung, nun werde endlich etwas gegen die neue Technologie unternommen, man könne endlich mitreden – Gesetzgebung als einzige Möglichkeit, aktiv zu werden. Die Initiative hat defensiven Charakter: Sie beschränkt die Diskussion auf das Feld des Missbrauchs bestimmter Anwendungsbereiche beim Menschen. Ein Beispiel für diese bloss defensive Kritik liefert die SP, die an einer Veranstaltung zur Gentechnologie nach dem Schutz der genetischen Daten fragt. Genau wie bei der Datenschutzdiskussion im Zusammenhang mit den Informationstechnologien, wo nicht das Wesen jener Technologie, sondern nur noch die Abmilderung gravierendster Auswirkungen zur Diskussion stand, also die Missbräuche und nicht die fortschreitende Digitalisierung unseres Lebens, zeichnet sich bei der Gentechnologie eine ähnliche Verengung ab. So stellt sich die Beobachter-Initiative als ein Meisterstück der Herrschaftssicherung dar. Sie will dem Missbrauch einen Riegel schieben und rechtfertigt den Gebrauch einer Technologie, die damit entschärft und als Fortschritt annehmbar erscheint.

Hans Eppenberger, Professor für Zellbiologie an der ETH Zürich und Mitglied der Expertenkommission des Bundesrates, hat an der Formulierung der Beobachter-Initiative mitgewirkt. Er lässt keine Zweifel offen: «Die Diskussion über Inhalt und Auswirkungen der Initiative wird nicht zuletzt dazu führen, dass die schweizerische Wissenschaft Gelegenheit erhält zu zeigen, zu welchen ausgezeichneten Leistungen sie fähig ist, aber auch zu demonstrieren, dass sich die Forscher der Verantwortung bewusst sind, die sie gegenüber den Mitmenschen tragen.»

AGATHE BIERI

Die helvetische Debatte

Eine breitere politische Debatte über die Gen- und Reproduktionstechnologie kam in der Schweiz erst mit der im Herbst 1985 von der Zeitschrift Der Beobachter lancierten Verfassungs-Initiative «Gegen Missbräuche in der Fortpflanzungs- und Gentechnologie» in Gang (Wortlaut siehe im Anhang Seite 197).

Mit dieser Initiative wurde die Diskussion nicht allein eröffnet, sondern gleichzeitig kanalisiert. Nach ersten Kritteleien begrüsste selbst die bürgerliche Seite mehrheitlich den Vorstoss. Zufrieden stellt Der Beobachter einen Monat nach Beginn der Unterschriftensammlung in seinem Pressespiegel fest: «Auch jene Zeitungen, die der Lancierung der Initiative kritisch gegenüberstehen, haben zumindest an ihrem Ziel nichts auszusetzen.» Eine Aussage, die auch für alle bürgerlichen Parteien und die Sozialdemokratie zutrifft.

Diese breite Übereinstimmung verschiedener politischer Lager liegt daran, dass nicht die Technologien selbst zur Diskussion gestellt werden, sondern deren Missbrauch, beschränkt auf die Anwendung am Menschen. Dem Missbrauch soll in zwei Punkten ein gesetzlicher Riegel geschoben werden:

Zum einen bei der Menschenzucht. Die Initiative verbietet nicht etwa den Eingriff ins menschliche Erbgut, sondern sie untersagt, menschliche Embryonen (Keime), ob künstlich verändert oder nicht, zu «züchten». Cyril Hegnauer, Familienrechtler und Mitverfasser der Initiative, erklärt, der Text sei absichtlich so verfasst worden, damit der nicht vererbbare Eingriff – die somatische Gentherapie – möglich sei.

Zum anderen fällt alles unter Missbrauch, was die Institution «Familie» in irgendeiner Form bedrohen könnte; sei es die kommerziell organisierte Leihmutterschaft, anonyme Samenspender, die künstliche Gebärmutter oder die zu kosmetischen Produkten verarbeiteten Embryonen. In der Initiative ist denn auch in der Präambel festgehalten: «Der Bund sorgt für die Wahrung der Würde des Menschen und den Schutz der Familie.» Obwohl die neuen Fortpflanzungstechniken in erster Linie die Frauen treffen, spielen – wie in der Abtreibungsdebatte – auch hier deren Interessen keine Rolle. Im Initiativtext wird die Frau unter acht Punkten einmal erwähnt: als «Mutterleib».

Anderthalb Jahre nach dem Vorstoss des Beobachters liegen von den Parteien erst wenige Stellungnahmen zur Gen- und Reproduktionstechnologie vor. Die POCH-Frauen (Progressive Organisationen der Schweiz), der LDU (Landesring der Unabhängigen) und kantonale Parteisektionen der CVP (Christliche Volkspartei) und der SPS (Sozialdemokratische Partei der Schweiz) sowie die zentrale Frauenkommission der SPS haben sich bis jetzt geäussert. Auf halboffizieller Ebene allerdings, anlässlich von Veranstaltungen und Medienauftritten, werden von Politikerinnen und Politikern klare Positionen markiert: Fast alle beschränken sich auf die Anwendung am Menschen, in der vom Beobachter vorgegebenen Stossrichtung.

Die Bürgerlichen: Altbewährte Familienpolitik

Die neuen Fortpflanzungstechnologien destabilisieren die bürgerliche Familie, da, wie die CVP richtig festhält, «kein verantwortliches Elternpaar» mehr auszumachen ist. Ein Kind kann nun drei Mütter und zwei Väter haben: die Pflegemutter, die Eizellspenderin, die Leihmutter, den Pflegevater und den Samenspender. Die CVP befürchtete deshalb anfänglich, die Fortpflanzungstechniken würden «die Familie als Trägerin unserer Gesellschaft aus den Angeln heben». Doch sie entdeckten, dass, entsprechend geregelt, sich auch damit altbewährte Familienpolitik betreiben lässt. Solange der Schoss der Familie nicht verlassen wird, ist «diese Technik ein gangbarer Weg zur Überwindung von Sterilitätsproblemen», argumentiert die CVP-Präsidentin Eva Segmüller.

Ins gleiche Horn tutet der LDU. Nationalrat Paul Günter bemerkte mir gegenüber, der betriebene Aufwand, um ein Kind zu haben, sei zwar angesichts der Kinder, die weltweit täglich verhungern, «an und für sich etwas pervers»; doch im von ihm mitverfassten Leitpapier des LDU zur «Gen- und Fortpflanzungstechnologie» heisst es: «Bei den Fortpflanzungstechnologien wird vor allem auf eine familienrechtliche Regelung Wert gelegt, weil dies im Rahmen unseres Rechtssystems am schnellsten zu einer für die Frau würdigen Lösung führt – nämlich zum Verschwinden der Experimente.»

Erst die In-Vitro-Befruchtung und der Embryotransfer machen es möglich, die biologische Einheit von Mutter und Fötus aufzuspalten. Erst durch die neuen Fortpflanzungstechniken wird der Embryo zu einem ungeschützten Wesen, dessen «Rechte» und «Interessen» nun gegen jene der Mutter ausgespielt werden. Was die «Recht auf Leben»-Initiative noch mit Wortklaubereien durchzuboxen versuchte, nämlich den Embryo als eigenständige juristische Person von der Mutter abzuspalten, wird nun aufgrund der technischen Entwicklung möglich.

Auch hier ist die Parallele zur Abtreibungsdebatte offensichtlich: Es sind nicht die Frauen, die über ihren Fötus zu befinden haben, sondern der patriarchale Staat, Ärzte oder Juristen und all der Männer mehr, die beanspruchen, die «höheren Interessen» des ungeborenen Lebens zu vertreten. Der Versuch, den Fötus juristisch von der Mutter zu trennen, ist erst der Anfang einer sich anbahnenden Entwicklung. Denkbar wird, dass bei einer vermuteten Schädigung des Embryos dessen Behandlung im Mutterleib zur Wahrung der Interessen des Embryos verordnet wird – auch gegen den Willen der betroffenen Frau.

Die Debatte um den Embryo als eigenständige Person hat

in der Schweiz bereits begonnen – unbemerkt! Die CVP räumt «bei der Abwägung der betroffenen Interessen und Rechtsgüter dem Kindswohl den Vorrang» ein. Ebenso die Arbeitsgruppe Bioethik vom Institut für Sozialethik des evangelischen Kirchenbundes, die fordert, «den Status des Embryos deutlich zu kennzeichnen und diesen rechtlich zu schützen». Davon hebt sich der LDU ein bisschen ab: Die Partei würde erst dann, wenn Embryonen ausserhalb des Mutterleibs aufgezogen werden – «wenn kein Interesse der Mutter zur Güterabwägung herangezogen werden kann» – die Frage «nach der Persönlichkeit des Embryos» stellen.

Dem Interesse, den Embryo rechtlich zu schützen, folgt als logische Konsequenz das Interesse an einem gesunden Embryo. So ist denn die pränatale Diagnostik «kein Anlass zu Bedenken», weder beim LDU noch bei sonst einer Partei. Der evangelische Ethiker Helmut Kaiser nennt die vorgeburtlichen Tests «eine hilfreiche Technik», mit der die Eltern auf ein behindertes Kind vorbereitet werden können. «Ethisch problematisch ist allerdings, dass aufgrund der pränatalen Diagnostik zwischen lebenswertem und nicht lebenswertem Leben unterschieden wird.» Die einzige bürgerliche Partei, welche die pränatalen Tests problematisiert, ist die CVP, und zwar, gemäss Eva Segmüller, «solange Abtreibung die einzige Therapie ist». Keine Zweifel plagen sie da, wo durch Genmanipulation eine Heilung der diagnostizierten Krankheit in Aussicht gestellt wird.

Was ist die Triebfeder für diese technisierten Fortpflanzungsbemühungen? Die Freude der Frauen, Kinder zu haben. Dafür liefert uns Eva Segmüller eine Generalabsolution, denn der Kinderwunsch liege schliesslich «in der Biologie». Dem «tief verankerten Drang nach einem eigenen Kind» will auch Paul Günter nicht im Wege stehen.

Die Bürgerlichen hatten noch nie grosse Meinungsverschiedenheiten, wo immer es die Frauen zu verwalten galt. Paul Günter bringt die gemeinsamen Interessen auf den Punkt: «Bezüglich der Reproduktionstechnologie zeichnet sich in der Schweiz ein Konsens ab. Darum kann man dieses

Thema ruhig den Konservativen überlassen, die diese bis zum Exzess und mit den falschen Begründungen, aber schlussendlich mit dem richtigen Resultat durchziehen.»

Bürgerliche Frauen: Nicht mit uns!

Dass sich vor allem Frauen in Fragen der Gen- und Reproduktionstechnologien politisch engagieren, ist eine weltweite Erscheinung. Sowohl in den industrialisierten Ländern wie auch im Trikont waren *sie* es, die erste Kongresse einberiefen, Veranstaltungen organisierten – kurz: die Versprechungen der Fachleute genau besahen. Im Gegensatz zu den Männern fühlten und fühlen sich viele Frauen durch die neuen Fortpflanzungstechniken direkt angegriffen. Sie können am eigenen Körper spüren, wieviel Macht und Gewalt in der Kontrolle über die Gebärfähigkeit steckt.

Auch viele bürgerliche Frauen fühlen sich daher von ihren Parteien nicht mehr vertreten. Sie haben «innerhalb ihrer Partei auf diesem Gebiet eine abweichende Meinung», stellt die dem parteipolitisch unabhängigen Schweizerischen Verband für Frauenrechte (SVF) angehörende Ursula Nakamura anlässlich der Präsidentinnentagung im Herbst 1986 fest. Diese Tendenz ist breit. Sei es die Vereinigung Schweizerischer Ärztinnen (VSA), der SVF oder progressive kirchliche Frauen – sie alle stehen der neuen Reproduktionstechnologie kritisch bis ablehnend gegenüber.

Die Fortpflanzungstechniken und die pränatale Diagnostik werden von den dissidenten bürgerlichen Frauen abgelehnt, denn, so betont Judith Unteregger vom SVF, «mit jeder Technologie in diesem Bereich verliert die Frau ihre Selbständigkeit». Bei wichtigen Entscheiden in Forschung und Praxis seien Frauen als Mitbeteiligte nicht gefragt, «jedoch als Lieferantinnen von Eizellen und Gebärmüttern» sehr wohl. Die VSA benennt den Zwangscharakter der pränatalen Diagnostik: «Werdende Mütter über dreissig und Frauen mit einem bekannten Erbleiden in der Familie stehen unter einem moralischen (und vielleicht bald auch finanziellen) Druck, eine Schwangerschaft bis in alle Details abklären (...) und einen nicht sicher gesunden Embryo abtreiben zu lassen.» Sie werfen die Frage auf, «mit welcher Behinderung ein Mensch noch leben darf».

Kritisiert werden die eindimensionalen Lösungsvorschläge für eine Sterilitätstherapie. «Kinderlosigkeit ist primär ein psychosoziales und kulturelles, nicht ein medizinisches Problem», hält die VSA fest. Zu dieser gesamtheitlichen Betrachtungsweise gehört die Forderung, Sterilität nicht als Krankheit anzusehen, sondern, wie es Judith Unteregger vom SVF ausdrückt, «an den Wurzeln des Problems – auf gesellschaftlicher Ebene – kreative Lösungen anzubieten, durch die unter anderem die soziale Elternschaft neu gestaltet und Frauen von der Hauptverantwortung der Erziehungsarbeit entlastet werden.»

Die SP-Frauen, die sich wie ihre Mutterpartei in der Grauzone zwischen den Bürgerlichen und der Linken bewegen, vertreten ähnliche Positionen. Sie befassten sich bisher hauptsächlich mit den Fortpflanzungstechniken am Menschen und deren Folgen. Sie fragten jedoch mehr nach den gesellschaftlichen Bezügen dieser Technologien. Eine Arbeitsgruppe des SPS-Kongresses «Künstliche Kinder – manipulierte Gene» ging der Frage nach, warum die Fortpflanzungstechniken trotz ihrer Aufwendigkeit und der geringen Erfolgsrate so vehement propagiert werden und kam zum Schluss: «Eines der Hauptinteressen ist vermutlich das ideologische (...), Frauen werden wieder vermehrt an den Herd gebunden. Das alte Bild der Frau, die nur eine richtige Frau ist, wenn sie Mutter ist, wird verstärkt.»

Inhaltlich neu in der bürgerlichen Frauenbewegung ist, dass sie ihr Augenmerk über die europäischen Grenzen hinweg auch auf den Trikont richtet. Die Doppelmoral – hier die künstliche Zeugung und gesunde Kinder um jeden Preis, während dort die Frauen zwangsterilisiert werden – prangern sie an. Trotz diesem internationalen Blickwinkel und ihrer vergleichsweise radikalen Analyse beschränkt sich die Diskussion in bürgerlichen Frauenkreisen stark auf die eigene, direkte Betroffenheit, obwohl auch die Gefährdung durch andere Gebiete der Gentechnologie erkannt wird. Deshalb ist kaum eine Stimme gegen die Beobachter-Initiative zu hören.

Der Initiativtext wird zwar gerade wegen des fehlenden Frauenstandpunktes kritisiert, trotzdem aber als mögliche Lösung angesehen. Die Frauen des SVF wollen eine parlamentarische und öffentliche Diskussion und haben sich an der Unterschriftensammlung beteiligt: Sie befürchten, später nicht mitreden zu können, wenn sie sich jetzt nicht auch für die Initiative einsetzen. Die zentrale Frauenkommission der SPS empfiehlt ebenfalls, «trotz allem die Initiative des Beobachters zu unterstützen, und zwar, weil eine gesetzliche Regelung dringend ist und ohne die Initiative in dieser Hinsicht nichts zu erwarten ist».

Linke Frauen: Genug ist nicht genug!

Es sind vor allem Autonome Frauen (Teil der Ausserparlamentarischen Opposition) sowie Frauen aus der POCH, der SAP (Sozialistische Arbeiterpartei) und einzelne aus der SP, die sich mit dem gesamten Gebiet der Gen- und Reproduktionstechnologie befassen und an Veranstaltungen, in Diskussionen regelmässig auf den sozialen und technischen Gesamtzusammenhang hinweisen.

Merkwürdig unberührt blieben bisher die linken Männer. Dass das Thema wichtig ist, wird zwar nicht bestritten, doch viele haben es als Frauenthema schubladisiert. Andere schrekken davor zurück, als «technologiefeindlich» zu gelten. Nach Susi Wiederkehr von der SAP betrifft dies vor allem «die gestandenen Marxisten, für die es ein Problem wird, wenn linke Frauen und Männer eine Technologie, deren Entwicklung und Anwendung, kritisieren».

Die technikkritischen Analysen der linken Frauen decken sich weitgehend. Dass mit technischen Eingriffen gesellschaftlich verursachte Missstände in den verschiedensten Lebensbereichen behoben werden sollen, denunzieren sie als Scheinlösung, die erst den Weg ebnet, bestehende Abhängigkeiten und Ausbeutungsverhältnisse zu verschärfen, sei es zwischen den Geschlechtern, zwischen den Klassen oder zwischen den Rassen. In ihrer im Winter 1985 veröffentlichten Broschüre schreibt die Autonome Frauengruppe Antìgena: «Das gemeinsame Merkmal aller neuen Technologien ist die Zerstückelung von Arbeits- und Lebensprozessen. Die den neuen Techniken anhaftenden Herrschaftsverhältnisse lassen sich nicht wegschwatzen durch faire Handhabung der Technologien – sie bergen Gewalt und Unterdrückung in sich, egal in wessen Händen sie sich befinden.»

Die linken Frauen unterscheiden sich vor allem darin, wie sie ihre Analysen in politische Forderungen umsetzen. Ein Moratorium – einen zeitlich begrenzten Forschungs- und Anwendungsstopp – fordern die in den Parlamentarismus eingebundenen POCH-Frauen; auch die SAP-Frauen denken an diesen Weg. Mit der Forderung nach einem Moratorium wird offen gelassen, ob die technische Entwicklung tatsächlich abgebrochen oder ob sie in irgendeiner Form geregelt werden soll. Die beiden Parteien können sich vorstellen, dass um diese inhaltlich offene Forderung eine breite Widerstandsbewegung entstehen könnte, dass auf jeden Fall aber damit die öffentliche Diskussion vorangetrieben werden kann.

Die POCH-Nationalrätin Anita Fetz betont gleichzeitig, es sei weit dringlicher, eine Strategie mit realpolitischen Forderungen zu entwickeln, um politisch handlungsfähig zu werden. Ein erster Schritt dazu ist der am nationalen Parteikongress im Mai 1987 verabschiedete Massnahmenkatalog. Als erste Dringlichkeitsmassnahmen werden unter anderem vorgeschlagen: Verbot der Freisetzung genetisch manipulierter Organismen; öffentliche Darlegung sämtlicher genetischer Projekte und Versuche; Verbot genetischer Reihenuntersuchungen und ein Verbot routinemässiger pränataler Tests. Dieser Massnahmenkatalog ist Teil eines Appells zum «Stopp der gentechnologischen Forschung», der sich an alle interessierten Frauen und Männer richtet; damit sollen in «einer breiten und offenen Diskussion» Mittel und Wege gefunden werden, den Abbruch der gentechnologischen Forschung und Produktionsweisen zu erzwingen.

Die Autonomen Frauen führte ihre Einschätzung dieser neuen Technologien zur kategorischen Forderung nach dem Abbruch der Forschung und Anwendung in jedem Bereich und in jedem Land. Mit dieser radikalen Forderung soll herausgestrichen werden, dass sich die Frage, wie die Techniken zu regeln seien, gar nicht mehr stellt. Statt die Energien im Streit um Teilbereiche oder um konsensfähige Forderungen zu kanalisieren, könnten mit der Forderung nach umfassender Ablehnung Kräfte freigelegt werden, die zu neuen Ideen und politischen Kampfmitteln führen, um die sich laufend verschärfenden Herrschaftsverhältnisse aufzubrechen. Die Autonomen Frauen kritisieren realpolitische Forderungen wie diejenigen der POCH, «da diese eine demokratische Gesellschaftsform suggerieren, in welcher freie Meinungsbildung und öffentliche politische Kontrolle durch alle oder sehr viele der Betroffenen möglich ist».

Widerstand: Auf dem Weg zur Vernetzung

Angesichts der Dimensionen dieser Entwicklung gewinnt trotz unterschiedlicher Forderungen die Idee an Boden, den Widerstand zu vernetzen und damit auszuweiten. Alle Gegnerinnen, auch die bürgerlichen Frauen, sehen dies als notwendige Voraussetzung, um wirksam eingreifen zu können.

Auf internationaler Ebene schlossen sich 1984 Frauen zu FINNRAGE (Feministisches Internationales Netzwerk gegen die neue Reproduktions- und Gentechnologie) zusammen. Die Initiative dazu ist von Biologinnen, Ärztinnen und Sozialwissenschaftlerinnen ausgegangen, die innerhalb ihrer Arbeit der Bedeutung der neuen Technologien gewahr wurden. In der BRD wurde im Sommer 1986 das wie FINNRAGE politisch breit abgestützte Gen-ethische Netzwerk gegründet.

Der Weg bis zur Vernetzung des Widerstands in der

Schweiz scheint allerdings steinig zu werden. Vorerst werden vor allem Informationen gesammelt und Öffentlichkeitsarbeit gemacht. Politische Aktionen fanden erst im lokalen Rahmen statt und waren ausschliesslich von Frauen getragen, so gegen das Biozentrum in Basel oder anlässlich der Erweiterung des Humangenetischen Instituts in Zürich. Neu ist der sich langsam formierende Widerstand von Seiten der Bauern: Der Kleinbauernverband will 1988 die Gegner und Gegnerinnen des Embryotransfers beim Tier gesamtschweizerisch organisieren. Von Anfang an dabei waren die Bauern beim Versuch, die breit abgestützte Stiftung «Genetik und Ethik» (SPS, LDU, POCH, Grüne und Unabhängige) zu konstituieren. Die Gründung wurde wegen interner Differenzen vorerst aufgeschoben. Auf Seiten der linken Frauen finden seit dem Frühling 1987 von der OFRA (Organisation für die Sache der Frau) angeregte informelle Treffen statt; gemeinsame Forderungen fehlen zurzeit noch.

Was sich aus diesen Debatten und organisatorischen Ansätzen zum Widerstand entwickeln wird, ist einstweilen noch nicht abzusehen.

Die aufhaltsame Industrialisierung

Wirtschaftlich gut versorgte Forscher haben unter ihresgleichen festgelegt, was ihnen als Missbrauch erscheint, während in der breiten Öffentlichkeit immer noch über Sinn und Unsinn der Retortenzeugung diskutiert wird.

Eine ärztliche Standesorganisation hat Regeln zur sogenannt sinnvollen Handhabung der Gen- und Fortpflanzungstechniken erarbeitet; mit diesen Richtlinien lassen sich skeptische Parlamentarierinnen und Parlamentarier abspeisen. Während gegenwärtig im Parlament ausgehandelt wird, ob manipulierte Pflanzen zu Privateigentum werden sollen, macht in den Medien das Tier, das in den USA patentierfähig werden soll, Schlagzeilen.

Ärzte, die angeben, noch nie etwas von Gendiagnostik am Arbeitsplatz gehört zu haben, messen die Giftbelastung an eben diesem Platz seit Jahren am Messgerät «Mensch».

Im subjektiven Bemühen, das Leid von Frauen abzuwenden, erfassen Humangenetiker ganze Bevölkerungsgruppen in Registern.

Über Menschenwürde philosophierend, legitimieren Ethiker die technische Entwicklung.

Nennt man das Zeitgeist?

Die Verantwortlichen sind keine Ungeheuer, eher Leute, denen die sogenannten Sachzwänge schon in Fleisch und Blut übergegangen sind. Sie sind der aufrichtigen Meinung, mit dem Embryo-Transfer auch den Bergbauern zu helfen, und einige Genetiker glauben wirklich, dass es den Hungernden in der Dritten Welt an der eiweissreichen Pflanze mangle. Bei all dem geht ihnen das sichere Gefühl dafür, wo oben und wo unten ist, nicht ab. Unten sind sie nicht. Eine gesellschaftlich so bedeutende Entwicklung mitvorantreiben zu können, bewegt alle mit einem gewissen Stolz, verhalten, aber doch spürbar. Deshalb fühlen sie sich auch von den Medien missverstanden: Immer werde alles verdreht und ohne Sachverstand behandelt.

Natürlich können die Verantwortlichen sagen, ihre persönlich vollzogene Handlung habe nichts mit dem Verlauf der gesamten Entwicklung zu tun, vielleicht nicht einmal mit der Gentechnik als solcher, streng fachspezifisch gesehen. Die eigene Handlung isoliert zu betrachten entspricht ganz der Logik der Gentechnik, wo das Lebendige vollends so zerstückelt, auseinandergenommen, verändert und neu zusammengesetzt wird, dass die grösseren Zusammenhänge wirklich verloren gehen. Die isolierte, geschichtslose Betrachtung diente schon immer dazu, nicht sehen, nicht erkennen zu müssen – sich der Verantwortung zu entziehen: Man hat es dann einfach nicht besser gewusst, wenn sich die Dimensionen in ihrem ganzen Ausmass zeigen.

Dass gerade Frauen als erste Widerstand zu leisten begannen, erklärt sich zum Teil damit, dass sie – nicht eingebunden in den Macht- und Technikbereich – die neuen Dimensionen kritischer und unabhängiger wahrnehmen können. Vor allem aber mussten und müssen sie durch die Konfrontation mit der pränatalen Diagnostik und den Fortpflanzungstechniken entscheiden, ob sie mitmachen oder Widerstand leisten wollen, mit allen persönlichen Folgen, die eine Verweigerung für sie haben kann. Sie sind von daher eher gezwungen, nach dem Zweck des sogenannten Fortschritts zu fragen und Stellung zu beziehen.

Doch die GENZEIT trifft auch Bauernfamilien hier und in der Dritten Welt, ob sie nun Vieh züchten, Milchkühe im Stall haben, Gemüse, Weizen, Mais, Soja oder Ölpalmen anbauen; die Gesunden, die Kranken und die Behinderten; die mit giftigen Stoffen Arbeitenden; jene, die eine Berufslehre wählen; und jene, die infolge der wirtschaftlichen «Gesundschrumpfung» arbeitslos und krank werden...

Die Anti-AKW-Bewegung konnte sich auf Baugeländen sammeln. Durch die Gen- und Fortpflanzungstechniken, mit denen in die alltäglichsten, die intimsten, die innersten, in alle Lebensbereiche eingegriffen werden soll, wird deutlich, dass es diesmal für den Widerstand den territorialen Brennpunkt nicht gibt. Das vielfältig Lebendige, das letztlich unberechenbar bleibt, wird seine Stärke sein.

Die Autorinnen

Anhang

Zu Kapitel «Der Kampf um neue Märkte»

A. Beteiligung öffentlicher Institutionen an der biotechnischen Forschung

(unvollständige Liste)

Bundesamt für Bildung und Wissenschaft

(Departement des Innern)
Zuständig für Forschungspolitik und internationale Forschungsabkommen. Auf dem Gebiet der Biotechniken ist die Schweiz bei folgenden internationalen Forschungsprogrammen (finanziell) beteiligt:

- COST (Committee on Science and Technology): koordiniert gemeinsame Projekte zwischen EG-Ländern und den Nicht-EG-Ländern Europas.
- European Molecular Biology Conference: ist vor allem für Ausbildungs- und Forschungsstipendien im Bereich der Molekularbiologie zuständig.
- Europäisches Laboratorium für Molekularbiologie in Heidelberg.
- UNIDO (Industrie-Entwicklungsorganisation der UNO): über die UNIDO werden die UNO-Labors für Gentechnik in Triest und Neu Delhi unterstützt.

Schweizerischer Nationalfonds

Zu 99% aus Bundesgeldern finanziert. Mehr als 2/3 des Budgets (1985: 172 Mio. Fr.) sind den exakten Wissenschaften und den Naturwissenschaften wie Biologie und Medizin gewidmet. Innerhalb des Nationalfonds besteht bisher keine gezielte Förderung der biotechnischen Forschung, für die 1985 nach Schätzungen etwa 5 % des Nationalfondsbudgets vorgesehen waren.

Universitäten und andere staatliche Institutionen

Biozentrum Basel
Institut für Biochemie und Molekularbiologie der Universität Bern
Institute für Pflanzenphysiologie und Mikrobiologie der Universität Bern
Schweizer Serum- und Impfinstitut Bern
Landwirtschaftliches Institut des Kantons Freiburg
Departement für Mikrobiologie der Universität Genf
Institute für Biochemie und Molekularbiologie der Universität Zürich
Institut für Immunologie und Virologie der Universität Zürich
Institute für Biotechnologie und Pflanzenwissenschaften der ETH Zürich
Institut für Nutztierwissenschaften der ETH Zürich
Eidg. Forschungsanstalt für Obst-, Wein- und Gartenbau in Wädenswil

Die universitären Forschungseinrichtungen befassen sich fast ausschliesslich mit Grundlagenforschung. Die Zusammenarbeit mit der Industrie ist nur lose. Anwendungsforschung wird vorwiegend in industrieeigenen Instituten gemacht.

B. Biotechnische Forschungen der Industrie

Unvollständige Liste von Forschungsrichtungen, Abkommen und aufgekauften Firmen. Meistens ist nicht klar, worum es sich bei den einzelnen Abkommen handelt. Genauere Nachforschungen waren im Rahmen dieses Buches nicht möglich.

Es scheint, dass die Ciba-Geigy am umfangreichsten bio- und gentechnische Forschung betreibt. Die Hoffmann-La Roche liegt in einigen Sparten (Interferone/Impfstoffe/Krebsforschung) vorne; in anderen Bereichen (z. B. Duft-/Aromastoffe) ist ihre Beteiligung an der biotechnischen Forschung nicht klar. Sandoz scheint am wenigsten involviert zu sein und sich ihre Beteiligung an den neuen Biotechniken über Firmenaufkäufe zu sichern, vor allem im Agrobusiness.

Ciba-Geigy

Umsatz 1986: 16 Mrd. Fr.; 82231 Lohnabhängige. Forschungs- und Entwicklungsaufwand: 1,6 Mrd. Fr.; 55% des Forschungsaufwandes in der Schweiz, 30% in den USA. Zweitgrösster Pharmahersteller der westlichen Welt; zählt zu den zehn grössten Saatgut- und Pestizidverkäufern. Umsatz in Europa 1985: 39%, davon in der Schweiz: 1,6%; Nordamerika: 35%; Lateinamerika: 10%; Asien: 11%; Afrika, Australien, Ozeanien: 5%. Umsätze nach Sparten 1985: Pharma: 31%; Agro: 28%; Kunststoffe und Additive: 21%; Farbstoffe und Chemikalien: 11%; andere: 7%.

Biotechnische Forschung

Technische Mikrobiologie (Auffinden von Mikroorganismen zur Stoffumwandlung); Ressort Biotechnologie der Division Pharma: Molekulargenetik und gentechnische Herstellung von Medikamenten. Agrobereich: Pflanzengenetik, biologische Pestizide und Tiermedizin. Chemie- und Ingenieurwesen: biotechnische Verfahren, Umwelttechnik (Entsorgung).

Forschungszentren: Friedrich Miescher Institut in Basel (seit 1974). Agro-Biotechnologie-Forschungszentrum im Research Triangle Park in North Carolina, USA (seit 1984). Landwirtschaftliches Forschungszentrum in Saint-Aubin, CH, für tiermedizinische Forschung. Im Friedrich Miescher Institut (Budget ca. 50 Mio. Fr./ Jahr) werden die Bereiche Biochemie, Biotechnik, Molekular-, Zell-, Neuro-, Pflanzenbiologie, Molekulargenetik usw. erforscht. Mit dem Institut soll vor allem die Lücke zwischen universitärer Grundlagenforschung und Industrie geschlossen werden. Hauptgewicht der Forschung: Agrobereich. 1984 gelang in Basel die Übertragung eines pflanzlichen Gens. 1986 wurden im Research Triangle Park, USA, gegen Atrazin resistente, gentechnisch gezüchtete Tabakpflanzen im Freiland getestet. Schwerpunkt: Saatgutforschung.

1980: Gründung des Ressorts Biotechnologie der Division Pharma (ca. 200 Lohnabhängige), 10% des Pharmaforschungsbudgets – etwa die Hälfte der Forscher befassen sich mit gentechnischen Projekten; Medikamente wie Interferone, Blutgerinnungsmedikamente, Insulin-ähnliche Wachstumsfaktoren usw.)

Forschungsabkommen und Käufe von Firmen, die für die Entwicklung der neuen Biotechniken eine Rolle spielen oder zu spielen scheinen:

Agrobereich

Forschungsabkommen: ETH Zürich; Agricultural Genetics Corp., GB (Kapitalbeteiligung: 5%); Agrodiagnostics Association, USA; Plant Genetic Systems, USA.

Käufe: Alza, USA; Hartman's Plant, USA (1984); Ring Around Products, USA.

Beteiligungen: Phytogen Inc., USA (Minderheitsbeteiligung 1985); New Farm Crops, USA (1987).

Gründung (gemeinsam mit Charles Sharpe Co., USA, und Germains, GB): Seedcote Systems Ltd., USA.

Tierbereich

Exklusivvertrag mit der Genentech, der grössten Gentechfirma der USA, bezüglich tierischer Interferone und anderer tiermedizinischer Produkte.

Testabkommen mit der kanadischen Biostar; am landwirtschaftlichen Forschungszentrum der Ciba-Geigy in Saint-Aubina, (FR) werden einige dieser Produkte entwickelt.

PHARMABEREICH

Forschungsabkommen: Bio-Response, USA; Chiron, USA (1987: *Gründung* der gemeinsamen Firma Biocine zwecks Herstellung von Impfstoffen der «neuen» Generation, inkl. AIDS-Impfstoff); Unigene, USA; Massachusetts Institute of Technology, USA (via Alza; Entwicklung neuer Darreichungsformen von Medikamenten wie Pflästerli/Depots); Kyowa Hakko Kogyo, J (Entwicklung der Gamma-Interferone).

DIAGNOSTIKA

Gründung: Ciba-Corning USA (1985).
Beteiligung: Spectra Physics, USA (Produktion von Diagnosegeräten; Spezialgebiet: Lasertechnik).
Im Rahmen der Internationalen Handelskammer beteiligt sich Ciba-Geigy zusammen mit anderen Konzernen (Alcoa, Arco, Monsanto, USX, Bosch, Ford, Henkel, 3M) am neu gegründeten *Internationalen Büro für Umweltschutz* (IEB). Ziel: Das «Wissen über umweltgerechte Verfahren zur Kontrolle und Beseitigung von Abfällen Nichtmitgliedern und anderen interessierten Organisationen zur Verfügung zu stellen».

Hoffmann-La Roche

Umsatz 1986: 7,8 Mrd. Fr.; 46513 Lohnabhängige. Forschungsaufwand: 1,1 Mrd. Fr.; für die Grundlagenforschung: ca. 50 Mio. Fr.; für Biotechniken insgesamt: 10 Mio. Fr.; 42,3 % der Investitionen in der Schweiz, 28,4 % in den USA. Pharmaproduktion: ca. Platz 10; Diagnostika: Platz 5; Vitamine: Kontrolle der Hälfte des Weltmarktes. Umsatz nach Sparten: Pharma: 40,7 %; Vitamine und Feinchemikalien: 26,3 %; Riech- und Aromastoffe: 11,2 %; Diagnostika: 11,0 %; Instrumente: 7,3 %; Pflanzenschutz: 3,3 %; übrige: 0,2 %.

Biotechnische Forschung

Hauptbereich: gentechnisch hergestellte Medikamente, biotechnisch hergestellte Vitamine, Wirkstofforschung, Diagnostika (u. a. AIDS- und pränatale Tests).
Forschungszentren: Institut für Immunologie in Basel, CH (seit 1969; Grundlagenforschung sowie Erforschung des Immunsystems); Biotechnikneubau in Basel (seit 1984; Zweck: Forschungskoordination); Institute of Molecular Biology in Nutley, USA (seit 1968; Erforschung der Interferone und Interleukine); Nippon Roche, J (befasst sich mit der Erforschung von Wachstumshormonen).

Forschungsabkommen: Genentech, USA (Entwicklung der Alpha- und Beta-Interferone); Takeda, J (Alpha- und Gamma-Interferone); Immunex in Seattle, USA (Interleukin 2); Ajinomoto, J (Interleukin 2); Kantonsspital Basel, CH (Zusammenarbeit zwecks Erforschung der Lymphkrebserkrankungen); Universitäten Genf, New York, Edinburgh, sowie Weltgesundheitsorganisation WHO und Walter Reed Institute der US-Army (gentechnisch hergestellter Malariaimpfstoff).
Minderheitsbeteiligung: Agrigenetics Corp., USA (biotechnische Saatgutforschung).
Lizenz: vom Nationalen Krebsforschungsinstitut, USA, für die Herstellung von AIDS-hemmenden Mitteln.
Das erste für den Markt freigegebene Alpha-Interferon gegen Haarzellenleukämie wird von der Hoffmann-La Roche und von der Schering Plough, USA, hergestellt. Sie haben sich die weltweite Lizenz für die Produktion aufgeteilt.
Die Hoffmann-La Roche ist im Besitz diverser Parfum- und Aromahersteller, u. a. der Givaudan, CH.

Sandoz

Umsatz 1986: 8,4 Mrd. Fr.; 42 627 Lohnabhängige. Forschung und Entwicklung: 0,7 Mrd. Fr.; 71 % des Forschungsaufwandes für Pharma, davon 48 % in der Schweiz. Pharmaproduktion: Platz 10; Agroproduktion: Platz 12.

Biotechnische Forschung

Forschungszentren: Sandoz-Hauptsitz, Pharma-Abteilung in Basel, CH; Biochemie Gesellschaft in Kundl, A (führend im Bereich der Antibiotikaherstellung und der Fermentation. Erforschung der Interferone, Interleukine sowie neuer Richtungen der Antibiotikaproduktion); Sandoz-Institut in Wien, A; Medical Research Institute in London, GB; Sandoz Research Institute in den USA (seit 1984; Sandimmun, Sandoglobulin, Embolex als Vorläufer der zu erforschenden monoklonalen Antikörper).

Forschungsabkommen und Firmenkäufe:

Pharmabereich/Fermentation

Forschungsabkommen: Lonza in Basel, CH (biotechnische Forschung und Beteiligung an spanischer Firma Gema Liesa); Henkel, Betriebsstätte Biozym, A; Genetics Institute in Boston, USA (Interleukin 2); Harvard Medical School in Boston, USA, und ihr angeschlossene Spitäler (Monoklonale Antikörper); Wiestar Institute, USA/A (Monoklonale Antikörper); Genelabs in Kalifornien, USA (menschliches Immunsystem, resp. Abwehrreaktionen auf transplantierte Organe; Arthritis und Multiple Sklerose); Firma NPI in Salt Lake City, USA; Colaborative Research in Lexington, USA (Enzyme, die Herzinfarkt, Lungenembolie, Thrombosen indizieren); Vestar in Pasadena, USA (neue Darreichungsformen von Medikamenten).

AGROBEREICH
Käufe: Zoecon, USA (Insektspezifische Naturstoffe; gentechnische Schädlings- und Unkrautbekämpfung; Saatgutforschung); Velsicol, USA (Herbizide); Northrup King, grösste Saatgutfirma der USA; Stauffer Seeds, USA (Saatgut; spezialisiert auf Hybridmais). Durch den Kauf der Northrup King und der Stauffer Seeds ist Sandoz drittgrösster Anbieter auf dem Maissaatgutmarkt in den USA.
Beteiligung (zu 40%): SDS Biotech K.K. in Tokio, J (Agrochemikalien).

Nestlé

Umsatz 1986: 38 Mrd. Fr.; 162078 Lohnabhängige. Grösstes Unternehmen der Schweiz und weltgrösster Nahrungsmittelkonzern – er liegt auf der Fortune-Liste der 50 umsatzstärksten Konzerne auf Platz 23. Über Nestlé wurde im Rahmen dieses Buches nicht nachgeforscht.

Forschungsbereich
Haltbarkeit von Frischlebensmitteln; biotechnische Veränderung von Milchprodukten; Entwicklungsbiologie: Erforschung der Schwangerschaft, des Wachstums und des Alterns; biochemische Verfahrenstechnik (Zellkulturtechnik).

Kleinere Firmen

Bachem (Bubendorf, BL)
Herstellung von Peptiden (Grundstoff für Biochemie); hat Hormone, die den Schlaf regulieren, entwickelt.

Battelle Research Institute (Genf)
Gehört zum Battelle Institute in Ohio, USA; weiteres Institut in Frankfurt, BRD. Weltgrösstes privates Forschungsinstitut. 95 % der Verträge werden mit der Privatindustrie abgeschlossen. Das Genfer Labor hat 400 Angestellte.

Biogen (Genf)
Einzige Gentechfirma in der Schweiz. Weitere Betriebe in Cambridge/Massachusetts, USA. Hauptaktionäre sind der US-Chemie-Konzern Schering Plough und das kanadische Bergbauunternehmen International Nickel.

Gründung im Jahr 1978. Firmenmitbegründer ist Charles Weissmann (Direktor des Molekularbiologischen Institutes I der Universität Zürich, der so seinen Forschungserfolg bei der gentechnischen Herstellung von Interferon kommerziell auswertet.
Forschungsabkommen: Wellcome Foundation, GB, und Ciba-Geigy, CH (Hepatitis-Impfstoffe); International Minerals und Chemical Corporation, USA (Wachstumshormone für Rinder-, Schaf- und Schweinezucht); Smith Kline & French Laboratories, USA; BASF, BRD (Krebsmittel TNF).
Die Betriebsdefizite der Biogen Genf stiegen von 12 Mio. $ 1983 auf 1984: 13 Mio. $; 1985: 19 Mio. $; 1986: 28 Mio. $. Der harte Konkurrent für Biogen ist die Hoffmann-La Roche mit ihrer Interferonforschung und -produktion. Nach Presseberichten steht nun der Kauf der Biogen durch das englische Pharmaunternehmen Glaxo bevor.

Firmenich (Genf)

Umsatz: ca. 500 Mio. Fr.; steht international an dritter Stelle der Parfum- und Aromaproduzenten. Hat ein Abkommen mit DNA Plant Technology, USA, betreffs der biotechnischen Herstellung von Duft- und Aromastoffen.

Givaudan (Dübendorf, ZH)

Parfum- und Aromaherstellung. Gehört zum Hoffmann-La-Roche-Konzern. Umsatz: ca. 900 Mio. Fr.; international an zweiter Stelle. Über Forschungsvorhaben ist nichts bekannt. Die Gentechnik ist vorläufig für Parfums und Aromastoffe zu teuer und zu kompliziert, sie ist jedoch interessant für die Abfallproduktverwertung dieser Branche. Längerfristig könnten für zwanzig immer wieder für die Parfumherstellung gebrauchte Verbindungen moderne biotechnische Herstellungsverfahren interessant werden.

Novo Ferment (Dittingen, BE)

Bis vor kurzem in Basel. Tochterfirma des dänischen Novo-Konzerns (gentechnische Produktion von Insulin). Innerhalb der Wein- und Fruchtsaftindustrie ist die Novo Ferment führend in der Produktion von Enzymen.

C. Verfahrenstechnik

In der Sparte Bioreaktoren ist die Schweiz auf dem europäischen Markt führend.
Sulzer, Maschinenfabrik in Winterthur (ZH), ist mit dem Kauf der MBR-*Bio-Reaktor* in Wetzikon (ZH), zweitgrösster Bioreaktor-Produzent der Schweiz mit Zweigstelle in den USA, ins Geschäft mit den Bioreaktoren, der Abwasserreinigung und der Biogasproduktion eingestiegen.
Chemap, Volketswil (ZH), ist der grösste Bioreaktor-Hersteller der Schweiz.
Weitere wichtige Firmen im Bereich der Verfahrenstechnik: *Bioengineering*, Wald (ZH); *Giovanola Frères*, Monthey (VS); *Infors*, Bottmingen (BL); *Tschudin & Heid*, Waldenburg (BL), als Lizenzgeber; *Ingold*, Urdorf (ZH), Sensoren.

D. Gentechnische Produkte in der Humanmedizin

(nur USA)

Marktnähe	Produkt	Unternehmen (Kooperationspartner)
Auf dem Markt (Stand Dez. 1986)	Humulin (Humaninsulin)	Eli Lilly (Genentech)
	Protropin (menschliches Wachstumshormon)	Genentech
	Roferon A (α-Interferon)	Hoffmann-La Roche (Genentech)
	Intron A (α-Interferon)	Schering Plough (Biogen)
	OKT 3 (Immunsuppressum)	Ortho
	Hepatitis B (Impfstoff)	Merck (Chiron)
Klinische Versuche Phase 3 (Stand 1985)	α-Interferon	Eovir
Klinische Versuche Phase 2	α-Interferon	Enzo Biochem
	β-Interferon	Shell Oil (Cetus)
	γ-Interferon	Shionogi (Biogen)
		Boehringer Ingelheim (Genentech)

	Hepatitis B-Impfstoff	SmithKline Beckman
	Immunotoxin-Melanoma	Xoma
	Interleukin-2	Cetus Shionogi (Biogen)
	Proinsulin	Eli Lilly
	Retrovirus-Impfstoff	SmithKline Beckman
	TPA	Boehringer Ingelheim (Genentech)
Klinische Versuche Phase 1	Krebsheilmittel (Pankreas, Darm)	Centocor (Hoffmann-La Roche)
	EGF	Chiron
	γ-Interferon	Amgen, Schering Plough (Suntory)
	Immunoagenzien (Lungen-, Hautkrebs)	Damon Biotech (Scripps)
	Immunoagenzien (Knochenmarkkrebs)	Hybritech
	Immunoradiotherapeutikum (Leberkrebs)	Hybritech
	Interleukin-2	Hoffmann-La Roche (Immunex)
	Malaria-Impfstoff	SmithKline Beckman
	TNF	Genentech

zit. in Bericht der Enquête-Kommission.

Zu Kapitel «Kontrollierte Nahrung – kontrollierte Existenz!»

Die folgenden Tabellen geben einen Einblick in die ungefähre Position der Konzerne, deren Rangordnung von Jahr zu Jahr leicht variiert.

Pharmakonzerne in der Landwirtschaft

Konzern	Rang Pharma	Rang Pestizide	Rang Pestizide und Dünger in USA	Anzahl Patente	Getreide- und Zuckerrübensorten im OECD-Raum
Bayer	2	1	3	281	–
Ciba-Geigy	4	2	2	309	76
Hoechst	1	11	18	52	–
Sandoz	7	19	45	25	172

Die globalen Saatguthändler

Rang der Firmen	Ursprungsland	Saatgutverkauf (in Mio. $)	Saatgutfirmen direkt*	Saatgutfirmen indirekt*	Anzahl der Getreidesorten	Anzahl der Sorten Saatgut	Anzahl der Staaten
Royal Dutch/Shell	England/ Holland	650	68	3	55	83	76
Pioneer Hi-Bred	USA	557	27	2	6	55	16
Sandoz	Schweiz	319	34	–	12	172	13
Cardo	Schweden	285	25	5	18	108	7
Dekalb-Pfizer	USA	187	29	1	8	142	20
Ciba-Geigy	Schweiz	107	19	7	9	76	14

* direkt = Tochterfirmen, indirekt = Firmen mit Kontrakten

Die zehn führenden Unternehmen auf dem Saatgutmarkt[1]

Prozentanteile für Getreidesaatgut, die diese Firmen 1981 innehatten

Unternehmen	Prozent aller Sorten	Prozent der privaten Sorten
Dekalb-Pfizer	6	8
Sandoz	5	7
KWS	3	5
Ciba-Geigy	3	4
Shell	3	4
Cardo	3	4
Upjohn	2	3
Pioneer Hi-Bred	2	3
Cebeco	2	3
Cargill	2	2
Die ersten Zehn	31%	43%

Quelle: Mooney, Pat Roy: The law of the seed.
In: Development Dialogue, 1983.

[1] OECD-Raum (westliche Industriestaaten)

Zu den Kapiteln «‹Ich spür' es – mein Kind ist gesund›» und «Hundert Jahre Eugenik: Gebärmütter im Fadenkreuz»

Pränatale Diagnostik

Ultraschall

Hochfrequente Schallwellen werden auf die Gebärmutter und das Kind im Mutterleib gesendet. Die von verschiedenen Geweben reflektierten Echos werden aufgefangen und auf einem Bildschirm sichtbar gemacht. Während einer Schwangerschaft werden meist 2–3 Untersuchungen durchgeführt. Dabei wird die Grösse, die Lage und das Wachstum des Kindes, die Lage des Mutterkuchens (Plazenta) und die Fruchtwassermenge beurteilt. Mit Hilfe des Ultraschalls können der Geburtstermin bestimmt und grobe Missbildungen erkannt werden. Heute werden auch während einer längeren Untersuchung die spontanen Bewegungen des Kindes und seine Reaktionen auf äussere Reize beobachtet und daraus Schlüsse auf dessen Zustand gezogen. Die Interpretation des Ultraschallbildes erfordert grosse Übung und viel Erfahrung.

Fruchtwasserpunktion (Amniozentese)

Mit einer speziellen Nadel wird durch die Bauchdecke der Mutter in die Gebärmutter gestochen und Fruchtwasser entnommen. Meistens wird dabei die Lage der Nadel mit Hilfe des Ultraschalls kontrolliert. Die im Fruchtwasser enthaltenen Stoffwechselprodukte und kindlichen Zellen werden im Labor untersucht. So gelingt es, Stoffwechselkrankheiten, das Geschlecht oder chromosomale Störungen, z. B. die Trisomie 21 (Mongolismus), zu erkennen. Der medizinisch günstigste Zeitpunkt für diese Untersuchung ist die 16. oder 17. Schwangerschaftswoche. Der Laborbefund ist erst nach drei bis vier Wochen ausgewertet, das Resultat der schwangeren Frau also erst gegen Ende des fünften Monats bekannt. Das Abortrisiko der Fruchtwasserpunktion wird allgemein mit 1 % angegeben, hängt aber auch von der Erfahrung der durchführenden Person ab.

Chorionbiopsie

Das Chorion, die Zottenhaut, umgibt den Embryo und bildet die Plazenta und die Eihäute. Zu deren Gewinnung gibt es zwei Methoden: entweder wird durch die Scheide und den Gebärmuttermund unter Ultraschallsicht Gewebe abgezogen oder, wie bei der Fruchtwasserpunktion, durch die

Bauchwand und die Gebärmutter der Frau gestochen. Das so gewonnene Zellmaterial kann im Labor genetisch untersucht werden, falls dessen Züchtung gelingt. Die Abortrate dieser neueren Untersuchungsmethode beträgt zur Zeit ungefähr 5 %. Die Chorionbiopsie wird zwischen der 8. und 12. Schwangerschaftswoche durchgeführt, und das Resultat ist innerhalb einer Woche bekannt. Bei einem von der Norm abweichenden Befund kann die Schwangerschaft rund zwei Monate früher als bei einer Fruchtwasserpunktion abgebrochen werden.

Fetoskopie

Bei der Fetoskopie wird ein starres Rohr (Endoskop) durch die Bauchwand der Frau in die Gebärmutter eingeführt. So kann das Kind im Mutterleib direkt betrachtet werden (15.–18. Schwangerschaftswoche). Gleichzeitig können kleinere Eingriffe am Kind (Blutentnahme, Hautproben) durchgeführt werden (18.–22. Schwangerschaftswoche). Die Abortrate dieser Untersuchung beträgt ca. 10%. Durch die Gewinnung von kindlichem Blut können verschiedene Krankheiten diagnostiziert werden: Bluterkrankheit (Hämophilie), Thalassämie, Sichelzellenanämie, Infektionen usw.

Alpha-Feto-Protein-Test (AFP-Test)

Das Alpha-Feto-Protein (AFP) wird vom Kind im Mutterleib gebildet und ins Fruchtwasser ausgeschieden. Durch einen weitgehend unbekannten Mechanismus tritt das AFP durch die Placenta ins Blut der Mutter. Ein erhöhtes AFP im Fruchtwasser findet sich v. a. bei offenen Missbildungen des Zentralnervensystems (offenes Rückenmark, Fehlen des Gehirns), aber auch bei normalen Schwangerschaften und bei Mehrlingsschwangerschaften. Nach der 16. Schwangerschaftswoche wird das AFP im Blut der Frauen bestimmt. Für Frauen mit erhöhtem AFP folgt nach dem zweiten Bluttest mit dem gleichen Resultat zur «Feinabklärung» eine Fruchtwasseruntersuchung. Den AFP-Test gibt es in der Schweiz seit 1979, und er wird heute schwangeren Frauen als Routineuntersuchung empfohlen.

Die Vererbung und deren Gesetze

Der Begriff *genetisch* verweist auf das Erbgut und seine Veränderungen. Genetisch bedingte Krankheiten können entweder *vererbt* sein, das heißt, sie werden über einige Generationen weitergegeben. Oder sie können *neu auftreten*, z. B. aufgrund chromosomaler Mutationen.

Die klassischen Vererbungsgesetze sind einfache, theoretische Konstruktionen, welche die um einiges kompliziertere Wirklichkeit nicht einzufangen vermögen. Unter einem Gen versteht man in der klassischen Vererbungslehre die Erbinformation für ein bestimmtes Merkmal oder eine Krankheit. Die Gene sind auf den Chromosomen angeordnet, welche ausser in den Samen- und Eizellen immer paarweise im Zellkern vorhanden sind. (Frauen: 22 Chromosomenpaare und zwei identische Geschlechtschromosomen X; Männer: 22 Chromosomenpaare und die Geschlechtschromosomen X und Y.) Nachkommen erhalten je ein Chromosom von beiden Elternteilen. Somit können Gene bei den Nachkommen doppelt oder einfach vorkommen.

Dominante und rezessive Vererbung

Dominante Gene bewirken ein Merkmal bereits, wenn sie nur auf einem Chromosom vorhanden sind. Trägt ein Elternteil das dominante Gen, so liegt die Wahrscheinlichkeit, das Merkmal an die Nachkommen zu vererben, bei 50 Prozent.

Rezessive Gene müssen auf beiden Chromosomen vorhanden sein, um sich auszuwirken. Beide Eltern übertragen das Gen, ohne dass sich bei ihnen selber das Merkmal zeigt. Bei einem Viertel ihrer Nachkommen besteht die Wahrscheinlichkeit, das rezessive Gen von beiden Elternteilen zu erben.

Geschlechtsgebundene Vererbung

Liegt das Gen für ein Merkmal oder eine Krankheit auf dem X-Chromosom, so spricht man von geschlechtsgebundener Vererbung. Dabei trägt das Y-Chromosom diese genetischen Informationen nicht, weshalb Mädchen und Knaben mit unterschiedlicher Häufigkeit erkranken. Bei der rezessiv vererbten Muskelerkrankung Duchenne z. B. können die Frauen zwar die Krankheit übertragen, diese tritt aber nur bei Knaben auf.

Monogene und polygene Vererbung

Nur ein kleiner Teil der heute bekannten Merkmale und Erbkrankheiten lassen sich auf ein einzelnes Gen zurückführen *(monogen)*. Der allergrösste Teil ist durch das Zusammenspiel verschiedener Gene *(polygen)* oder zusätzlicher, zum Teil unbekannter Faktoren wie Umwelteinflüsse bedingt *(multifaktoriell)*. Für diese Merkmale und Krankheiten lassen sich praktisch keine Vererbungsgesetze formulieren; die genetische Beratung muss sich auf Erfahrungen und Vermutungen stützen.

Chromosomen-Anomalien

Die Anzahl der Chromosomen kann abweichen (z. B. Trisomie 21: das Chromosom 21 ist dreifach vorhanden), oder durch verschiedene Umwelteinflüsse (z. B. Röntgenstrahlen, Radioaktivität in der Luft) kommt es zu Chromosomenbrüchen und Neukombinationen mit zum Teil bizarren Chromosomenformen.

Zu Kapitel «Die helvetische Debatte»

Verfassungsinitiative der Zeitschrift *Der Schweizerische Beobachter*, im Herbst 1985 lanciert, im Frühling 1987 mit 130000 Unterschriften im Bundeshaus eingereicht.

Eidgenössische Volksinitiative gegen Missbräuche der Fortpflanzungs- und Gentechnologie beim Menschen

Artikel 24 octies (neu)

1 Der Bund erlässt Vorschriften über den künstlichen Umgang mit menschlichem Keim- und Erbgut.

2 Er sorgt dabei für die Wahrung der Würde des Menschen und den Schutz der Familie.

3 Namentlich ist untersagt,

a) den Beteiligten die Identität der Erzeuger vorzuenthalten, sofern das Gesetz dies nicht ausdrücklich vorsieht;

b) gewerbsmässig Keime auf Vorrat zu halten und an Dritte zu vermitteln;

c) gewerbsmässig Personen zu vermitteln, die für Dritte Kinder zeugen oder austragen;

d) Keime ausserhalb des Mutterleibes aufzuziehen;

e) mehrere erbgleiche Keime oder Keime unter Verwendung von künstlich verändertem menschlichem oder von tierischem Keim- oder Erbgut zu züchten;

f) Keime, deren Entwicklung abgebrochen worden ist, zu verarbeiten, oder Erzeugnisse, die aus solchen Keimen hergestellt worden sind, zu verkaufen.

Literatur

Gen- und Reproduktionstechnologie

Arditti, Renate/Duelli Klein, Renate/Minden, Shelley (Hrsg): *Retortenmütter.* Frauen in den Labors der Menschenzüchter. rororo aktuell 5538, 1985
Empfehlenswerte Einführung, Situation USA, England.

Brückner, Christian: *«Künstliche Fortpflanzung, Genetik und Recht»*, Vortrag am Lausanner Kolloquium vom 29./30. 11. 1985, veröffentlicht in: Publications de l'institut suisse de droit comparé, Nr. 4, Schulthess Polygraphischer Verlag, 1986

Corea, Gena: *MutterMaschine.* Reproduktionstechnologien. Von der künstlichen Befruchtung zur künstlichen Gebärmutter. Rotbuch Verlag, 1986
Forschung und Praxis der Fortpflanzungstechniken bei Rindern und Frauen; Situation USA.

Van den Daele, Wolfgang: *Mensch nach Mass?* Ethische Probleme der Genmanipulation und Gentherapie. C. H. Beck, 1985
Der Autor ist Mitglied der Enquête-Kommission und von jenen, die für diese technische Entwicklung sind, am meisten dagegen. Leicht verständliche Einführung.

Enquêtekommission des Deutschen Bundestages, Canthusen, Wolf Michael/Neumeiser, Hanna (Hrsg): *Chancen und Risiken der Gentechnologie.* Dokumentation des Berichts an den Deutschen Bundestag. Reihe: Gentechnologie – Chancen und Risiken, Bd. 12, J. Schweitzer Verlag, 1987
Gute naturwissenschaftliche Einführung in die verschiedenen Forschungsgebiete und in den herrschenden Stand der Diskussion. Mit Minderheitsposition der GRÜNEN. Geeignet als Nachschlagewerk.

Fetz, Anita/Koechlin, Florianne/Mascarin, Ruth: *Gene, Frauen und Millionen.* Diskussionsbeitrag zu Gen- und Fortpflanzungstechnologien. Rotpunktverlag, 1986
Themen: Reproduktionstechnologie in der Schweiz/Landwirtschaft und Gentechnik/Rechtliche Situation.

DIE GRÜNEN im Bundestag, Arbeitskreis Frauen, Verein Sozialwissenschaftliche Forschung und Praxis für Frauen (Hrsg): *Frauen gegen Gentechnik und Reproduktionstechnik.* Dokumentation zum Kongress vom 19. – 21. 4. 1985 in Bonn, Kölner Volksblattverlag, 1986

Hansen, Friedrich/Kollek, Regine (Hrsg): *Gentechnologie – die neue soziale Waffe.* Konkret Literatur Verlag, 1985

Humangenetik als Waffe gegen »Minderheiten«, Legitimation der Ungleichheit, Situation BRD.

Herbig, Jost: *Die Gen-Ingenieure.* Der Weg in die künstliche Natur. Fischer Taschenbuchverlag, 1980

Die technische Entwicklung als Produkt eines sozialen Prozesses – ein historischer Abriss: von den Anfängen bis zur Gentechnik.

Herbig, Jost: *Der Bio-Boom.* Geschäfte mit dem Leben. Stern Verlag, 1982

Leicht verständliche Einführung in die Gentechnik. Darstellung ihrer sozialen Auswirkungen (Medizin/Forschung/Wirtschaft).

Kollek, Regine/Tappese, Beatrix/Altner, Günter (Hrsg): *Die unaufgeklärten Gefahrenpotentiale der Gentechnologie.* Dokumentation eines öffentlichen Fachsymposiums vom 7.–9. März 1986. Reihe: Gentechnologie – Chancen und Risiken, Bd. 10, J. Schweitzer Verlag, 1986

Guter, detaillierter, doch für Laien verständlicher Überblick über die Sicherheitsrisiken.

Ökomitteilungen 2/86: Aufsatzsammlung zur Entwicklung der Gentechnologie (Ökoinstitut Freiburg, Hindenburgstr. 20, D-7800 Freiburg)

Artikel zu ökologischen, politischen und wirtschaftlichen Aspekten; versehen mit interessanten Literaturlisten.

Scheller, Rubens: *Das Gen-Geschäft.* Chancen und Gefahren der Bio-Technologie. Weltkreis Verlag, 1985

Kritik aus gewerkschaftlicher Sicht; umfassend dokumentiert.

Zipfel, Gaby (Hrsg): *Reproduktionsmedizin – die Enteignung der weiblichen Natur.* Konkret Literatur Verlag, 1987

Feministische Kritik, Situation in der BRD.

ZEITSCHRIFTEN

Biotechnologie: Das Nachrichten-Magazin.
(Polycom Verlagsgesellschaft, Feuerbachstr. 15, D-3300 Braunschweig)

Aktuelle Informationen der Gegnerseite zur Forschungs- und Wirtschaftsentwicklung.

gid, genetische Informationsdienste.
(Barmbeker Strasse 24, D-2000 Hamburg 60)

Monatliches Informationsblatt des Gen-ethischen Netzwerkes der BRD; dokumentiert das aktuelle Geschehen (technische Entwicklung, Verhalten der Gegnerseite, sich formierender Widerstand).

Swiss Biotech. Schweizerische Zeitschrift für Biotechnologie. (Verlag Dr. Felix Wüst AG. Freiestr. 204, Postfach 239, 8032 Zürich)

Für Schweizer Fachleute publizierte Informationen zum neuesten Stand der Forschung und Anwendung.

FRAUENARCHIVE

Frauenarchiv, Kanzleistrasse 56, 8004 Zürich. Öffnungszeiten: Mittwoch: 15.00–18.00 (nur für Frauen). Samstag: 14.00–17.00 Uhr.

Artikel aus Zeitungen/Fachzeitschriften zu allen Frauenthemen. Zusätzlich ein Archiv zu sämtlichen Bereichen der Fortpflanzungs- und Gentechnologie.

Archiv und Dokumentationszentrum für Frauen, Arndtstrasse 18, D-6000 Frankfurt am Main

Feministisches Frauenforschungs- und Bildungs-Zentrum, Dankelmannstrasse 15 und 47, D-1000 Berlin 19

Einzelne Bereiche:

Kritik an Naturwissenschaften/Technologien

AUTONOMIE, Materialien gegen die Fabrikgesellschaft – neue Folge Nr. 13: Imperialismus in den Metropolen – Der technologische Angriff. *Sabotage* (Aufsatz). 13/1983

Maschinensturm und Sabotage als Kampfmittel der Arbeiterinnen, vom 18. Jh. bis zur Gegenwart.

Easlea, Brian: *Väter der Vernichtung.* Männlichkeit, Naturwissenschaftler und der nukleare Rüstungswettlauf. rororo Mann 8206, 1986

Beschreibt Entwicklung der Atomwissenschaft und an ihr den «maskulinen» Charakter von Naturwissenschaft und Forschung.

v. Elling, Angela/Wunder, Miriam: *Krebs Register – Erfassung als Politik.* Konkret Literatur Verlag, 1986

Weniger Krebs durch ausgefeilte Registrierung? Kritik an der Situation in der BRD.

Fox Keller, Evelyn: *Liebe, Macht und Erkenntnis.* Männliche oder weibliche Wissenschaft? Verlag Hauser 1986

Beschreibung, wie sich hierarchische Weltbilder auf naturwissenschaftliches Modelldenken auswirken: Bsp. Physik, Zellbiologie.

Hartmann, Detlef: *Die Alternative: Leben als Sabotage.* Zur Krise der technologischen Gewalt. Internationale Taschenbücherei itb 006, 1981

Gute Beschreibung der technologischen Gewalt am Beispiel Taylorismus/Stadtentwicklung. Kritische Auseinandersetzung mit Marx.

ZEITSCHRIFT

WECHSELWIRKUNG. Technik, Naturwissenschaft, Gesellschaft. (Hundertmorgen-Medienversand, Forstbergstr. 7, D-6107 Reinheim)

Gesellschaftskritische Auseinandersetzung und Berichte zu den verschiedenen technischen Entwicklungen. Erscheint vierteljährlich.

Wirtschaft/Landwirtschaft

Hansson, Olle: *Ciba-Geigy Intern.* Unionsverlag, 1987

Hervorragender Einblick in die aggressiven Geschäftspraktiken eines Pharma-Konzerns.

Hobbelink, Henk: *New Hope or false promise.* ICDA, Brüssel März 1987

Anschauliche Beschreibung der durch die Bio- und Gentechnologie neu gewonnenen Macht der Industrie gegenüber der Dritten Welt.

Idel, Anita: *Zuchtziel: Milch.* Wohin führen Fortpflanzungs- und Gentechniken bei Rindern? In: Wechselwirkung Nr. 30, August 1986

Empfehlenswerter Artikel zur Tierzucht; Situation BRD

Mooney, Pat: *Saat-Multis und Welthunger.* rororo aktuell 4731, 1981

Gut dokumentiert, wie Konzerne die Nahrungsschätze der Welt plündern; «Grüne Revolution».

Ruivenkamp, Guido: *Biotechnology: The production of new relations within the agroindustrial chain of production.* University of Amsterdam, 1984 (zu bestellen bei: i3w, Informationsdienst 3. Welt, Bern)

Über die Kontrolle der Nahrungsmittel: Machtkonzentration, Militarisierung der Gesellschaft.

ZEITSCHRIFT

Setzling. Informationen über Saatgut, Genreserven, Gen- und Biotechnologie.
(OIE – Österreichischer Informationsdienst für Entwicklungspolitik, Tuchlauben 8/6/16, A-1010 Wien)

Humangenetik/Eugenik

Beiträge zur feministischen theorie und praxis nr. 14: *Frauen zwischen Auslese und Ausmerze.* Verlag des Vereins Sozialwissenschaftliche Forschung und Praxis e. V. (Hrsg), 1985

Bock, Gisela: *Zwangssterilisation im Nationalsozialismus.* Studien zur Rassenpolitik und Frauenpolitik. Westdeutscher Verlag, 1986

Feministische Kritik; detaillierte, faktenreiche Aufarbeitung. Dissertation.

CLIO 25, eine periodische Zeitschrift zur Selbsthilfe: *Vorgeburtliche Diagnostik.* Übersicht der Untersuchungsmethoden, humangenetische Beratung, Geschlechtswahl. Berlin 1986

Empfehlenswerte Einführung; Situation BRD.

Forel, August: *Malthusianismus oder Eugenik?* Vortrag, gehalten beim neomalthusianischen Kongress zu Haag (Holland) am 29. Juli 1910. Ernst Reinhardt Verlag, 1911

Begründung seiner eugenischen Haltung.

Forel, August: *Rückblick auf mein Leben.* Europa-Verlag, 1935

Huonker, Thomas: *Fahrendes Volk – verfolgt und verfemt.* Herausgegeben von der Radgenossenschaft der Landstrasse. Limmat Verlag, 1987

Die Geschichte der Verfolgung des Fahrenden Volkes in der Schweiz und Gesprächsprotokolle mit Jenischen. Mit Illustrationen und Dokumenten.

Kopp, Walter: *Gesetzliche Unfruchtbarmachung.* Die Sterilisationsgesetzgebung in den skandinavischen Ländern und der Schweiz und ihre praktischen Ergebnisse, unter besonderer Berücksichtigung des deutschen Gesetzes vom 14. Juli 1933. Lipsius & Tischer Verlag, 1934

Moser, Hans: *Genetische Beratung und Familienplanung.* Huber Verlag, 1980

Beratungsforschung und -praxis an der Universitäts-Kinderklinik Bern, Beschreibung des RAPID-Systems.

Sierck, Udo/Nati, Radtke: *Die Wohltäter-Mafia.* Vom Erbgesundheitsgericht zur Humangenetischen Beratung. Selbstverlag Hamburg, 1984

Die Kontinuität vom Nationalsozialismus bis heute personnell wie institutionell. Empfehlenswert.

Zurukzoglu, Stavros (Hrsg): *Verhütung erbkranken Nachwuchses.* Basel, 1938

Artikelsammlung der namhaften Schweizer Eugeniker der 30er Jahre. Themen u. a.: Sterilisation, Alkoholismus, rechtliche Situation.

ZEITSCHRIFT

Medizinische Genetik. Informationsblatt.
Hrsg: Schweizerische Gesellschaft für Medizinische Genetik. (Sekretariat: Institut für Medizinische Genetik der Universität Zürich, Rämistrasse 74, 8001 Zürich). Erscheint halbjährlich.

Gesundheitspolitik

Deppe, Hans-Ulrich: *Krankheit ist ohne Politik nicht heilbar.* edition suhrkamp, NF 391, 1987

Analyse der Gesundheitspolitik der BRD als Teil der politischen Herrschaft; ebenfalls aufgezeigt werden oppositionelle Alternativen.

Publications de l'Institut suisse de droit comparé, Nr. 4: *Künstliche Fortpflanzung, Genetik und Recht.* Schulthess Polygraphischer Verlag, 1986

Beiträge eines interdisziplinären Kolloquiums zur Gentechnologie. Überblick zum Stand der Diskussion von Genetikern, Ethikern, Juristen in der Schweiz.

Sommer, Jürg/Gutzwiller, Felix: *Wirtschaftlichkeit und Wirksamkeit im schweizerischen Gesundheitswesen.* Verlag Hans Huber, 1986

Zusammenfassender Schlussbericht zum NFP 8 mit Beiträgen zur Kostenentwicklung im Gesundheitswesen und Reformvorschlägen.

Sommer, Jürg: *Das Malaise im Gesundheitswesen.* Diagnose und Therapievorschläge. Orell Füssli Verlag, 1987

Darlegung der Gründe für die nach Sommer noch bevorstehende Kostenexplosion im Gesundheitswesen mit Lösungsvorschlägen wie Gesundheitskassen usw.

Wambach, Manfred Max (Hrsg): *Der Mensch als Risiko.* edition suhrkamp, NF 153, 1983

In den verschiedenen Beiträgen wird das «Konzept des Risikos» der Bereiche Medizin, Psychiatrie, Polizei, Pädagogik, Sozialarbeit analysiert und als wissenschaftlich legitimiertes Feld der Sortierung, Selektion und Plazierung von Menschen entlarvt.

Wenzel, Eberhard (Hrsg): *Die Ökologie des Körpers.* edition suhrkamp, NF 234, 1986

Historisches zur Politik der Gesundheitsförderung und zum «Risikoverhalten», interpretiert als Auflehnung gegen den vorstrukturierten Alltag.

ZEITSCHRIFTEN

Soziale Medizin. Magazin der Schweizerischen Gesellschaft für ein Soziales Gesundheitswesen (SGSG).
(Postfach 474, 8026 Zürich)

Dr. med. Mabuse. Zeitschrift im Gesundheitswesen.
(Postfach 11 06 42, D-6000 Frankfurt 1)

Ökogenetik

Als Einführung ins Thema Ökogenetik eignen sich die jeweiligen Kapitel aus Herbigs «Bio-Boom», Daeles «Mensch nach Mass?», Schellers «Gen-Geschäft». Im folgenden aufgeführt ist englisch verfasste Fachliteratur zum wissenschaftlichen Stand der Ökogenetik.

Calabrese, Edward: *Ecogenetics. Genetic Variation in Susceptibility to environmental Agents.* New York/Wiley 1984

Calabrese, Edward: *Ecogenetics: Historical Foundation and Current Status.* In: Journal of Occupational Medicine, Volume 28, No. 10, October 1986

Murray, Robert f. Jr.: *Tests of So-called Genetic Susceptibility.* In: Journal of Occupational Medicine, Volume 28, No. 10, October 1986

Ethik

Dussel, Enrique: *Herrschaft und Befreiung.* Ansatz, Stationen und Themen einer lateinamerikanischen Theologie der Befreiung. Freiburg/Schweiz, 1985

Haug, Frigga: *Die Moral ist zweigeschlechtlich wie der Mensch.* Zur Theorie weiblicher Vergesellschaftung. In: Claudia Opitz (Hrsg): Weiblichkeit oder Feminismus? Weingarten, 1984

> Eine profilierte Position gegen die Aufwertung weiblicher Beziehungstugenden.

Lebacqz, Karin: *Bioethik und Befreiung.* Einige kritische Anmerkungen. In: Evangelischer Pressedienst Frankfurt 38, 1979

Praetorius, Ina: *Reproduktionstechnologie: Feministisch-ethische Perspektiven.* In: Reformiertes Forum 1. Jg., Nr. 15, 16. April 1987

Thürmer-Rohr, Christina: *Aus der Täuschung in die Ent-Täuschung.* Zur Mittäterschaft von Frauen. In: dies., Vagabundinnen, feministische Essays. Berlin, 1987

> Eine heilsame Abrechnung mit dem »Hurra-die-Zukunft-ist-weiblich-Feminismus«.

Weisshaupt, Brigitte: *Selbstlosigkeit und Wissen.* In: Conrad, Judith/Konnertz, Ursula (Hrsg): Weiblichkeit in der Moderne. Ansätze feministischer Vernunftskritik. Tübingen, 1986

> Weil Frauen selbst-los sind, müssen sie anfangen zu denken, denn Selbstlosigkeit als Tugend ist erst möglich aufgrund eines kritischen Wissens um das eigene Selbst.

Glossar

AIDS-Mittel: heute ist noch kein AIDS-Mittel auf dem Markt, das gentechnisch hergestellt wird. Um AIDS-Mittel gentechnisch herzustellen, wird versucht, den AIDS-Virus selbst zu einem Impfstoff umzubauen. Die Aussichten, einen solchen Impfstoff herzustellen, der auch funktioniert, sind verschwindend klein, da sich der AIDS-Virus sehr schnell in speziellen Zellen verbirgt und dort kaum mehr angegriffen werden kann. Doch die mit dieser Art von Experimenten verbundenen Risiken sind enorm: «Wir wissen heute, dass vermehrungsunfähig gemachte Viren durchaus ihre Vermehrungsfähigkeit wiedererlangen und wieder Krankheitserreger werden können. Wenn dieser Impfstoff breit in der Bevölkerung eingesetzt würde, könnten wir mit einem ganz anderen Virusproblem konfrontiert werden», meint Regine Kollek, eine bekannte Gentechnologie-Expertin aus der BRD.

Alpha-Feto-Protein-Test (AFP-Test): siehe Anhang S. 194.

Aminosäure: organische Säure, aus denen die Eiweissmoleküle zusammengesetzt sind.

Androzentrismus: Weltbild, in dem den Aussagen über Menschen, die einseitig vom männlichen Lebens- und Erfahrungszusammenhang abgeleitet sind, universale Gültigkeit zugesprochen wird.

Antikörper: Eiweissmoleküle der körpereigenen Immunabwehr.

Atrazin: chemische Substanz aus der Gruppe der Triazine. Atrazin ist die Grundsubstanz vieler Unkrautvertilgungsmittel. Es hemmt die für Pflanzen lebenswichtig Photosynthese und führt so zu ihrem Absterben.

Biochemie: Lehre von den chemischen Grundlagen der Lebensvorgänge.

Bioreaktor: Behälter, in den die jeweiligen Mikroorganismen, die biochemisch aktiven Zellbruchstücke oder Enzyme eingesetzt werden, um bestimmte Stoffe in industriellem Massstab herzustellen.

Chorionbiopsie: siehe Anhang S. 194.

Chromosomen: mikroskopisch sichtbare, fadenartige Strukturen im Zellkern. Sie enthalten das Erbgut, eine grosse Anzahl von Genen. Die Gesamtheit aller Chromosomen einer Zelle bildet das Genom.

DNS (engl: DNA): Desoxyribonucleinsäure; das chemische Grundmolekül der Erbinformationen, der verknäuelte Faden der Chromosomen. Die DNS ist bei allen Lebewesen ähnlich aufgebaut.

Embryo: Frucht in der Gebärmutter während der Zeit der Organentwicklung, d. h. während der ersten drei Monate beim Menschen.

Embryo-Teilung (Splitting): die sich entwickelnde befruchtete Eizelle wird (meist im Vier-Zell-Stadium) in einzelne Zellen geteilt, woraus sich potentiell vier Lebewesen entwickeln können (eine Form des Klonens).

Embryo-Transfer: Vorgang, bei dem ein Embryo künstlich in eine «fremde» Gebärmutter eingepflanzt wird; heute sind es noch artfremde Lebewesen, geforscht wird jedoch bereits an der künstlichen Gebärmutter.

Enzym: Eiweissmolekül, das die Stoffwechselvorgänge im Organismus beschleunigt.

Eugenik: aus dem Griechischen: «von guter Abstammung». Die Lehre, «die sich mit allen Einflüssen beschäftigt, welche die angeborenen Qualitäten einer Rasse verbessern». Positive Eugenik: die «guten» Erbanlagen fördernde Massnahmen; negative Eugenik: die «schlechten» Erbanlagen verhindernde Massnahmen.

Fruchtwasserpunktion (Amniozentese): siehe Anhang S. 194.

Gen: das Gen ist ein Abschnitt der DNS, welcher als Code für die Bildung eines Proteins dient. Nur gerade drei Prozent der menschlichen DNS sind in diesem engeren Sinne Gene.

Genanalyse (Gendiagnostik): dabei wird die DNS eines Gens selbst und/oder seiner Nachbarschaft untersucht. Durch diese Methode lassen sich Gendefekte in Zellen (z. B. Zellen des Fruchtwassers) erkennen, auch wenn das Gen noch nicht aktiv ist, d. h. der Defekt des Gens in dieser speziellen Zelle noch keine Auswirkungen hat. Für die direkte Analyse des Gens muss das Gen selbst bekannt sein. Voraussetzung dafür ist die → Genkartierung. Um ein Gen zu untersuchen, genügen sehr kleine Mengen von zellkernhaltigem Material, z. B. ein paar Tropfen Blut. Bei den genetischen Beratungsstellen der Schweiz werden zurzeit um die sieben Krankheiten so erfasst.

Genetischer Code: Schlüssel, nach dem die Erbinformation der Gene auf der DNS in Bauanweisungen für Eiweissmoleküle enthalten ist.

Genetische Verengung: Sind bei einer Tierrasse oder Pflanzenart nur noch wenige Ahnen vorhanden, so geht die Vielfalt der genetischen Eigenschaften verloren; die genetische Basis wird eingeschränkt.

Genom: Summe der im Zellkern vorhandenen Erbinformationen.

Genkartierung: Bestimmung des Ortes eines Gens auf einem Chromosom.

Genprodukt-Ebene: Falls das Gen nicht bekannt ist, jedoch sein Produkt (Eiweisse), kann dessen Zusammensetzung und Qualität biochemisch untersucht werden. Neben der Chromosomen-Analyse ist die Untersuchung auf der Genprodukt-Ebene das heute am meisten angewandte genetische Analyseverfahren.

Hepatitis B: eine bestimmte Form der Leberentzündung (Gelbsucht).

Immunologie: Lehre von der Immunität (Abwehr von Krankheitserregern) und den damit zusammenhängenden Reaktionen.

Insulin: Hormon der Bauchspeicheldrüse. Es ermöglicht den Körperzellen, den Zucker Glucose aufzunehmen und zu verarbeiten.

Interferone: Abwehrstoffe unseres Immunsystems. Interferone sind vor allem als Mittel gegen einige Krebsarten in Diskussion gekommen. Es gibt verschiedene Interferone. α, β- und γ-Interferone können biotechnisch mit Hilfe von Bakterien hergestellt werden.

In-Vitro-Befruchtung: Befruchtung ausserhalb des Körpers (z. B. in der Petrischale).

Keimzellen: zur Fortpflanzung bestimmte Zellen (Ei- und Spermazellen).

Klonen: die Entwicklung eines Organismus ohne sexuelle Fortpflanzung, was ermöglicht, eine Menge genetisch identischer Organismen zu schaffen.

Körperzellen: alle Zellen ausser der zur Fortpflanzung bestimmten (Ei- und Spermazellen).

Leukozyten: weisse Blutkörperchen; wichtig für die Abwehr von Infektionen.

Mikrobiologie: Lehre von den mikroskopischen Lebewesen (z. B. Bakterien).

Mikroorganismen: kleinste Lebewesen, z. B. Viren, Bakterien.

Moleküle: chemische Stoffe, die aus einzelnen Atomen zusammengesetzt sind.

Molekularbiologie: Lehre von den Strukturen und Funktionen der Lebewesen auf der Ebene der Moleküle.

Molekulargenetik: Lehre von den Vererbungsvorgängen auf der Ebene der Gene.

Mutation: plötzliche und zufällige Änderung im Erbgut. Die allermeisten Mutationen sind tödlich oder schädlich. Doch werden viele Mutationen von »normalen« Genen überdeckt, so dass sie gar nicht zum Ausdruck kommen.

Neurobiologie: Lehre von den Strukturen und Funktionen des Nervensystems.

Pränatale Diagnostik: siehe Anhang S. 194.

Protein: Eiweissmolekül.

Resistenz: Widerstandsfähigkeit.

Restriktionsenzym: Enzym, das die DNS spezifisch an bestimmten Stellen spaltet (»aufschneidet«); wichtiges Instrument der Gentechnik.

Rezessive Vererbung: siehe Anhang S. 195.

Röteln: durch einen Virus verursachte Infektionskrankheit. Rötelnembryopathie: Röteln-Erkrankung der schwangeren Frau, die auf den Embryo übergeht und je nach Zeitpunkt der Schwangerschaft verschiedene Schäden hervorruft: Abort und Missbildungen wie Herzfehler, Taubheit, Blindheit, Hirnschädigung.

Schweizerische Akademie für medizinische Wissenschaften (SAMW): die SAMW ist eine private Organisation, bestehend aus rund sechzig Ärzten, Genetikern, Veterinären und Pharmakologen fast ausschliesslich männlichen Geschlechts. Sie wurde während des zweiten Weltkrieges zur Förderung und Koordination der medizinischen Forschung in der Schweiz gegründet und erlässt sporadisch Richtlinien zu verschiedenen medizinischen Problemkreisen, so etwa zur Sterbehilfe, zur Definition des Todes oder zur Sterilisation.

Stoffwechsel: chemische Umsetzung der ins Blut aufgenommenen Nahrungsstoffe, ihre Verbrennung in den Körperzellen und die Ausscheidung der unbrauchbaren Stoffe.

Superovulation: künstliches Freisetzen mehrerer befruchtungsfähiger Eizellen durch eine Hormonbehandlung.

Tastbefund: die Lage, die Grösse und die Gestalt des Kindes im Mutterleib werden mit bestimmten Handgriffen von aussen ermittelt.

Toxoplasmose: Infektionskrankheit, verursacht durch einen Parasiten, häufig durch Haustiere übertragen. Bei Erkrankung der schwangeren Frau kann in der zweiten Schwangerschaftshälfte das Kind infiziert werden. Dies führt oft zur Frühgeburt und meist zu schweren Körperschäden: Gehirnschaden, Augenveränderungen, Epilepsie usw.

Trisomie 21 (Mongolismus/Down Syndrom): eine genetische Abnormalität, die durch ein zusätzliches (drittes) «Chromosom 21» hervorgerufen wird.

Ultraschall: siehe Anhang S. 194.

Vererbungsgesetze: siehe Anhang S. 195.

Verfahrenstechnik: Methodik zur optimalen Steuerung von chemischen oder biologischen Produktionsprozessen im industriellen Massstab.

Virologie: Lehre von den Viren.

Zellbiologie: Lehre von der Erforschung der Zelle, ihrer Bestandteile und Stoffwechselvorgänge.

Zellkultur: Haltung und Vermehrung von Zellen ausserhalb des Organismus in geeigneten Nährmedien.

Die Autorinnen

AGATHE BIERI, geboren 1955, Fernmatur, Redaktorin der «WochenZeitung» (1982–86), Jobberin.

CLAUDIA BISLIN, geboren 1951, Verlagsbuchhändlerin, Anwaltssekretärin, Mitautorin von «Aufrüstung gegen das Volk» (1977).

FLORIANNE KOECHLIN, geboren 1948, Biologie-/Chemielehrerin, POCH, Aktion Selbstschutz, Mitautorin von »Gene, Frauen und Millionen« (1986).

MONIKA LEUZINGER, geboren 1948, Krankenschwester, Mutter von vier Kindern.

MASCHA MADÖRIN, geboren 1946, Nationalökonomin, Arbeitsgebiet: Apartheid, Wirtschaftsverbindungen Schweiz – Südliches Afrika.

INA PRAETORIUS, geboren 1956, Theologin und Germanistin, seit 1983 wissenschaftliche Assistentin am Institut für Sozialethik der Universität Zürich.

BIGNA RAMBERT, geboren 1947, Psychiaterin und Psychoanalytikerin, einjähriger beruflicher Einsatz in Nicaragua (1983/84).

CLAUDIA ROTH, geboren 1955, Ethnologin, Mitarbeit beim Zürcher Lokalradio LoRa (1983/84), Bearbeitung der Artikelserie «Vom Retortenkind zum neuen Menschen» («Die WochenZeitung»).

RUTH WYSSEIER, geboren 1955, Germanistin, Mitarbeit im Bildungszentrum Salecina, seit 1986 Redaktorin der «WochenZeitung», Mitautorin von «Kalte Kommunikation – Der Millionenpoker um Videotex und andere neue Medien» (1985).